社交电商新零售

年入百万社交电商轻创业精进指南

殷中军 张爱林 著

机械工业出版社
CHINA MACHINE PRESS

本书主要面向广大传统企业、传统电商、直销从业者、中小微创业者，详细阐释其所面临的困境，从行业趋势、精准引流、成交转化、团队裂变、社群营销、社交圈营销等方面系统总结了社交电商创业必备的方法和技巧，帮助读者掘金社交电商。

图书在版编目（CIP）数据

社交电商新零售／殷中军，张爱林著. —北京：机械工业出版社，2020.4
 ISBN 978-7-111-64793-5

Ⅰ.①社… Ⅱ.①殷… ②张… Ⅲ.①网络营销 Ⅳ.①F713.365.2

中国版本图书馆 CIP 数据核字（2020）第 028772 号

机械工业出版社（北京市百万庄大街22号 邮政编码100037）
策划编辑：解文涛　　　　　　责任编辑：解文涛　刘怡丹
责任校对：郭明磊　　　　　　责任印制：张　博
三河市宏达印刷有限公司印刷

2020 年 3 月第 1 版 · 第 1 次印刷
170mm×242mm · 16.25 印张 · 1 插页 · 253 千字
标准书号：ISBN 978-7-111-64793-5
定价：59.00 元

电话服务	网络服务
客服电话：010-88361066	机 工 官 网：www.cmpbook.com
010-88379833	机 工 官 博：weibo.com/cmp1952
010-68326294	金 书 网：www.golden-book.com
封底无防伪标均为盗版	机工教育服务网：www.cmpedu.com

自序一　知史以明鉴，查古以至今

2018年7月26日，拼团模式的平台型社交电商拼多多赴美上市，成为中国社交电商第一股。从创立到上市，拼多多花了不到三年的时间。

2019年5月3日，分销模式的平台型社交电商鼻祖云集正式登陆纳斯达克，估值超过20亿美元，与拼多多一样，迅速挤入电商第一梯队。此前，不到三岁的云集已完成了1.2亿美元的B轮融资。聚光灯下，其创始人——湖畔大学四期学员肖尚略内心不知做何感想？

2019年5月8日，艺人刘涛代言的贝店官方宣布其完成了8.6亿元的融资。

2019年伊始，中国主流媒体和实力资本的目光被云集、贝店、拼多多、蜜芽、享橙、每日一淘等头部平台型社交电商所吸引。

回顾2017年、2018年和2019年，人工智能、区块链、社交电商以及火爆异常的新零售、社交新零售这几大风口不容错过。从我身边的企业家及创业者的反应来看，社交电商、新零售、社交新零售异常火爆。而这三大领域正是我现在专注研究的领域，因此对其关注尤其多。

站在当下回首往事时，总是能看到很多与人性相关的东西，正是这些因素驱动着我开始关注、深度研究社交电商。

在社交电商火爆之前的几年间，我一直在研究社交电商家族的重要成员——微商，并将研究成果写成了书。作为社交电商家族的成员之一，微商必然会被载入历史，但在关注其发展的同时，我始终觉得微商虽然发展迅猛，但有其局限性，大部分微商品牌的生命力不强，兴也匆匆，衰也匆匆。微商发展的几年间，我见证了诸多微商品牌的兴衰、微商创业者的大起大落，内心不免有些感慨。

因此，我并没有将自己的研究视野停留在微商领域，在我的探寻下，我发现了社交电商、新零售、社交新零售这些新兴领域。从2016年起，我就开始研究社交电商、新零售、社交新零售以及其对中国乃至世界商业形态的影响。

研究之后，我发现这些领域发展空间更广阔，发展前景也更为喜人，企业和个人都大有可为。这让我异常兴奋，因为我知道现在传统企业、传统电商以及个人创业所面临的风险及运营成本，而社交电商裂变的优势能帮助创业者用极低的成本获客拉新、裂变流量、倍增渠道。

此外，随着马云、雷军、刘强东等行业大佬提及的新零售的发展，社交电商与新零售融合演化出的社交新零售也发展迅速，形势喜人，这为广大企业家、创业者提供了新的机遇。

无论是线上零售还是线下零售，能获得发展，都是因为其能提高效率，为消费者提供更高质量的体验。而有别于新零售的是，社交新零售结合了社交电商的裂变优势，帮助创业者通过更低成本的运营实现私域流量的迅速裂变、渠道的快速倍增。社交新零售的出现是多方演变、进化的结果，即新零售的社交化、社交电商的新零售化、传统零售的社交新零售化皆有。

那么，我为什么要写这本书？仅仅是因为社交电商和社交新零售很"热"？这只是其中一个因素，还有更深层次的原因：我看到了传统零售业面临的困境。一方面，传统创业者面临流量枯竭的窘境；而另一方面，电子商务看似高歌猛进，但传统电商仍然在为日益攀升的流量成本苦恼。

"文王拘而演《周易》；仲尼厄而作《春秋》；屈原放逐，乃赋《离骚》；左丘失明，厥有《国语》；孙子膑脚，《兵法》修列；不韦迁蜀，世传《吕览》；韩非囚秦，《说难》《孤愤》；《诗》三百篇，大抵圣贤发愤之所为作也。"

太史公司马迁的这段话大概是对"穷而后工"最具体的诠释。而我发现，很多社交电商从业者在创业的路上，大多经历过"穷而后工"。除了少部分社交电商从业者是偶然接触到社交电商并借助其开拓出新的事业局面，大部分社交电商从业者，包括传统企业家、传统电商、中小微创业者等，几乎都是被生活逼迫着转型才发现了社交电商这一新兴的商业模式，部分创业者借助这一模式成功转型、开拓出全新的人生。

因此，我希望用自己近年来研究社交电商、新零售和社交新零售的成果帮助大家走出迷惘，在创业路上少走一些弯路。我希望搭建一个框架，更好地帮助零售、社交电商、社交商业和商业逻辑的研究者们，帮助那些在时代急剧变革中暂时找不到方向的焦虑的企业家、创业者们，拥抱这个时代的变化，找到自己转型和创新的方向。

在本书中，我会详细阐释上述让传统企业、传统电商、中小微创业者"异常苦恼"的困境到底是如何产生的，以及社交电商到底是什么，它的本质是什么，与传统电商的区别到底在哪里，以及当今的创业者该如何借力社交电商转型、重塑自己的生意，并掘金社交电商。

本书主要面向广大传统企业、传统电商以及中小微创业者等创业人士，从行业趋势、私域流量池、精准引流、成交转化、动销零售、团队裂变、社群营销、社交圈营销、个人品牌打造、学习方法等方面系统总结了社交电商轻创业必备的方法和技巧。

本书分为六部分：

第一篇（第1章和第2章）：大势所趋篇。着重阐明社交电商的定义、分类、发展历史、发展趋势以及传统微商升级社交电商新零售的路径等。

第二篇（第3章和第4章）：个人掘金篇。着重阐明个人创业如何掘金社交电商新零售、社交电商极速变现的路径、创业必备的工具包等。

第三篇（第5章）：业绩倍增篇。着重阐明社交电商快速实现业绩倍增的路径等。

第四篇（第6章和第7章）：社交裂变篇。着重阐明社交电商引流涨粉、快速实现社交裂变的路径等。

第五篇（第8章）：团队裂变篇。着重阐明社交电商快速裂变团队的路径等。

第六篇（第9章和10章）：企业创富篇。着重阐明传统企业、传统电商转型和升级社交电商新零售的路径以及企业低成本获客拉新、裂变渠道的路径等，并通过深度剖析拼多多、云集、小米等社交电商新零售的案例，为中小企业转型社交电商新零售提供参考。

在本书中，我会简明阐述社交电商的发展史，并预测社交电商的未来走向，让研究者及创业者对社交电商的整个发展历程有所了解。知史以明鉴，查古以至今。弄清楚社交电商的发展史及未来趋势，我们方能知道如何把握社交电商新零售这个风口，在创业路上少走三年弯路。

殷中军

自序二 | 让世界爱上中国造，爱上社交新零售！

社交电商新零售行业的蓬勃发展让我感慨万千。在感慨之余，我经常回忆起自己的创业往事和奋斗历程。那一路爬过的山，流过的汗，至今历历在目。有关拼搏的回忆仿佛人生长河中的闪闪红星，照亮我前行的路。

我当过兵，做过销售，后来为了实现更大的抱负，便打算创业。创业期间，我建过化工厂，开过家居连锁店，做过国际贸易。后来在一个偶然的契机下，我去了韩国，在朋友的介绍下开始做韩国化妆品的代理。

2014年3月，我参加上海的春季美博会，展馆里很多人给我留了电话和微信，有意向让我做代理，进行移动互联网创业。一开始我也不懂移动互联网创业是什么，但有一点让我印象特别深刻，那就是传统企业展位前咨询的人特别少，而到社交电商展位询问的人特别多，这让我洞察到了其中的商机。于是，我便开始研究社交电商，并成了一名社交电商创业者，就这样我开始从线下走到了线上，从传统创业转型为移动互联网创业。而随着新零售的发展，我们的企业又将新零售模式融入社交电商的发展中，在降低运营成本、提升零售效率的同时，增强用户的体验性。

因为国家政策好，加上我和团队伙伴的努力奋斗，企业现在做得还不错，取得了一定的成就。很多人觉得，按我现在的成绩，完全可以做个甩手掌柜，为什么还么拼？我也经常问自己为什么，内心给了我一个答案：因为责任，对社会、对团队、对消费者的责任。

《文化苦旅》的作者余秋雨先生曾经说过，男性的第一魅力是责任感。这点我深以为然。对我而言，责任，犹如参天古树般坚韧。在我们成长的过程中，上天将它作为礼物馈赠给我们。它就像一个时刻都需要我们呵护的孩子，然而，它所给予我们的却往往是心灵上和灵魂上的高尚情操。责任感终将赋予我们的生命以特别的意义，并指引我们找到人生的使命。

我便是在责任感的引领下找到了我的人生使命。每当看到社会上还有很多消费者无法享受优质低价的产品，很多上班族收入不高，很多普通人创业无门，我的心便很痛。这时候我的初心告诉我，我离成功还很远，仍然需要更加努力，要让更多人买到更具性价比的优质产品，让更多人能跟着我提升收入、实现人生梦想。而越近山巅，这种想法就越强烈。

此外，随着中国经济的持续发展和中华民族的伟大复兴，"中国制造""中国精造"成了行业的共识。每次听到这个词，我就热血澎湃。我相信不久的未来，中国的每一个品类、每一个类目都会产生像格力、华为这样能与全球大品牌抗衡的民族品牌，新零售行业也是如此。而董明珠女士说的"让世界爱上中国造"也必然成真。

对我来说，现在社交电商、新零售的火热正是中国制造、中国精造高速发展的良好契机。基于社交网络的社交电商新零售是社交电商与新零售充分交融的演化产物，借助这个商业模式，企业可以用更低的成本获客拉新，实现用户的转化、留存。而且，作为平台经济的代表之一，社交电商、社交电商新零售在品牌培育方面优势显著。过去，传统零售行业培育出一个知名品牌，至少需要十几年的时间，但现在这一切变了。很多"藏在深山人未识"的初创品牌采用社交电商新零售模式，借助社交传播后，短时间内便"一举成名天下知"。

同时，个体还可以与社交电商新零售平台合作，成为创业者，在消费的同时还可以轻创业。这就让普通人有了更多发展和逆袭的机会。而且，社交新零售在刺激消费的同时，还能拉动就业，是"大众创业、万众创新"环境下的新零售。

因此，我对社交电商新零售行业充满了信心。随着5G时代的到来、人工智能的日益成熟、区块链技术的广泛应用，以及新零售与社交电商新零售行业的高速、规范、健康发展，新阶段仍然会不断涌现出更多的零售业态和创新玩法，它们将促进中国制造、中国精造的创新和发展。

随着《中华人民共和国电子商务法》的实施、《国务院办公厅关于促进平台经济规范健康发展的指导意见》的发布，以社交电商、社交新零售为代表的平台经济迎来巨大利好，将获得更大更快的发展。

然而，我们同时也得意识到，随着行业竞争的加剧，社交红利带来的用户增长边际效应在逐步降低，整个行业正经历从粗放式生长到精细化运营的转型。这对社交电商新零售平台的精细化运营及供应链能力提出了新的挑战和更高要求。因此，增强制造水平、强化创新能力、加强品牌管理、改进服务质量、提高用户体验、提升平台形象，成为社交电商新零售平台与行业实现高速、规范发展必须重视的问题。如果上述几点得到有效、妥善处理，社交电商新零售行业必将迎来茁壮成长的新春天。

让世界爱上中国造，爱上社交新零售！

张爱林

目 录

自序一　知史以明鉴，查古以至今
自序二　让世界爱上中国造，爱上社交新零售！

第一篇　大势所趋

知史以明鉴，查古以至今。做社交电商，首先要了解社交电商的发展史及未来趋势。否则，你将很难在社交电商这条路上走得长远，也不知道将去向何处。

第1章　社交电商时代：未来已来 / 002

1.1　何为社交电商 / 003
1.1.1　社交电商的定义 / 003
1.1.2　社交电商与传统电商的区别 / 006

1.2　社交电商分类 / 007
1.2.1　按照社交影响分类 / 007
1.2.2　按照商业形态分类 / 009
1.2.3　按照业务模式分类 / 013

1.3　社交电商的强、弱社交关系分别该如何维护 / 016

第2章　社交电商发展简史：深度剖析社交电商的前世今生 / 020

2.1　社交电商的昨天：起源、萌芽、发展 / 021
2.2　社交电商的今天：崛起、规范、蜕变 / 025
2.3　社交电商的明天：融合、迭代、升级 / 027
2.4　社交电商新零售：社交电商与新零售的进化 / 035
2.5　社交电商新零售对企业、商家、个人的价值 / 037
2.5.1　对企业的商业价值 / 037
2.5.2　对商家的商业价值 / 038
2.5.3　对个人的商业价值 / 039

2.6　传统微商如何升级社交电商新零售 / 040

第二篇 个人掘金

社交电商为个人创业创造了绝佳的机会。那么,个人型社交电商有哪些类型和发展方向呢?社交电商应该如何武装自己,才能快速引流吸粉、实现流量裂变?

第 3 章 社交电商极速入门路径: 个人创业如何掘金社交电商 / 046

3.1 社交电商时代个人的创富机遇 / 047
    3.1.1 个人社交电商的三大类型 / 047
    3.1.2 社交电商的五种发展方向 / 048

3.2 个人如何做好社交电商 / 050
    3.2.1 做好零售打牢基础 / 050
    3.2.2 销售团队和领导人 / 053
    3.2.3 分享推荐事业机会 / 053
    3.2.4 销售知识提升影响 / 054
    3.2.5 服务好客户和团队 / 054
    3.2.6 做分享型创业导师 / 055

3.3 社交电商平台新店主行动指南 / 055
    3.3.1 新店主必做的八件事 / 056
    3.3.2 新店主开单发圈六晒 / 057
    3.3.3 新店主常用邀约话术 / 059

3.4 快速建立社交亲和力的九种技巧 / 061

第 4 章 社交电商极速武装之路: 创业精进必备的工具包 / 067

4.1 办公必备工具——让创业更方便高效 / 068
4.2 调查问卷工具——让问卷调查更轻松 / 070
4.3 二维码制作器——让引流吸粉更容易 / 070
4.4 讲课常用工具——方便社群内部授课 / 071
4.5 营销推广工具——提升你的营销效率 / 073
4.6 录屏录音工具——让学习工作两不误 / 073
4.7 网络存储工具——倍增你的大脑容量 / 074
4.8 高效学习工具——让你聪明十倍以上 / 074
4.9 高效工作工具——帮你节约一半时间 / 076

第三篇 业绩倍增

社交电商如何激活社交圈好友，打造不销而销的成交型社交圈，进而实现快速变现和业绩倍增？

第5章 社交电商业绩倍增路径：如何打造价值百万的社交圈 / 080

5.1 打造品牌社交形象必备的工具包 / 081
  5.1.1 网络社交工具——让社交吸粉更便捷 / 081
  5.1.2 自制海报工具——让海报制作更简单 / 083
  5.1.3 图片美化工具——朋友圈瞬间高大上 / 084
  5.1.4 手机自拍神器——拍出社交圈美人照 / 085
  5.1.5 传播吸粉工具——让你粉丝源源不断 / 086
  5.1.6 视频拍摄工具——轻松拍出电影大片 / 088
  5.1.7 视频编辑工具——让你秒变明星达人 / 089
  5.1.8 时间管理工具——提高时间使用效率 / 090

5.2 如何维护好社交圈好友 / 091
  5.2.1 社交圈好友的分类标准 / 091
  5.2.2 社交圈好友的维护标准 / 092

5.3 如何打造不销而销的成交型社交圈 / 093
  5.3.1 导演成交型"社交圈连续剧"的五个关键词 / 094
  5.3.2 销售型文案的写作策略与结构 / 097

5.4 激活微信好友的七个步骤 / 100
5.5 通过社交化互动引爆成交 / 103

第四篇 社交裂变

社交电商如何才能快速吸粉引流，创建销售群，提升社群活跃度，并迅速裂变团队？要学会借助社交网络的力量，具体如何借力？

第6章 社交电商如何快速打造私域流量池 / 110

6.1 私域流量的定义及获取方法 / 111
  6.1.1 私域流量的定义 / 111
  6.1.2 如何获取私域流量 / 112

6.2 线上如何迅速获取私域流量 / 112
6.3 线下如何快速获取私域流量 / 119
6.4 借力网络电台引流涨粉法 / 124
6.5 成交型线下沙龙的开展流程与步骤 / 127

6.6 私域流量的裂变过程 / 136

6.7 私域流量裂变的四大终极秘籍 / 141

第 7 章 社交电商极速裂变之路：
社交电商如何迅速裂变渠道 / 144

7.1 如何高效做好新店主入门培训 / 145

7.2 店主如何快速高效创建销售群 / 147

7.3 店主如何提升销售群的活跃度 / 153

    7.3.1 提升社群活跃度的三大环节 / 153

    7.3.2 提升社群活跃度的九大技巧 / 155

7.4 如何做好社群的运营及服务 / 160

7.5 社交电商做好运营必备工具包 / 162

    7.5.1 内容发布工具 / 162

    7.5.2 社群分享工具 / 164

    7.5.3 活动报名工具 / 165

    7.5.4 社群表单工具 / 166

    7.5.5 社群打卡工具 / 167

    7.5.6 社群管理工具 / 167

    7.5.7 社群裂变工具 / 168

    7.5.8 社群变现工具 / 169

第五篇 团队裂变

社交电商如何才能做好团队培训，快速发展团队？

第 8 章 社交电商极速裂变之路：
如何让你的团队快速从 0 到 1 万 / 172

8.1 如何快速开发 1000 名种子客户和店主 / 173

8.2 快速壮大团队的八大核心秘诀 / 175

8.3 如何转化其他品牌的经销商 / 178

    8.3.1 转化其他品牌经销商的误区 / 178

    8.3.2 转化其他品牌经销商六部曲 / 179

8.4 团队快速从 0 到 1 万的三大秘诀 / 180

第六篇 企业创富

传统电商、传统企业如何用新的成本结构、新的渠道通路,来低成本获客拉新、裂变流量、倍增渠道,并提升创富效率?

第9章 电商融合社交电商路径:传统电商如何转型社交电商新零售 / 186

9.1 社交电商与传统电商对比分析 / 187
9.2 传统电商高速进阶社交电商新零售的路径 / 189
 9.2.1 引流:有效积累店铺粉丝 / 189
 9.2.2 深度社交:与顾客建立强信任关系 / 191
 9.2.3 流量转化:借助社交互动实现转化 / 192
 9.2.4 发展种子代理:嫁接团队迅速裂变渠道 / 194
9.3 社交电商第一股拼多多到底做对了什么 / 194
 9.3.1 拼多多快速发展的四个要素 / 195
 9.3.2 拼多多获得成功的三大关键 / 196
9.4 云集的社交新零售:中国版"Costco"的换道超车 / 198
 9.4.1 云集的前身:云集微店 / 199
 9.4.2 云集社交新零售的三大创新 / 200
 9.4.3 让用户成为传播者和消费商 / 201
 9.4.4 多元化会员模式引爆会员增长 / 202
 9.4.5 私域流量运营的核心是用户运营 / 202
 9.4.6 肖尚略和云集的"长期主义" / 203
 9.4.7 云集给中小企业的独特启示 / 203

第10章 社交电商新零售企业落地方案:企业如何裂变流量倍增渠道 / 205

10.1 社交电商新零售企业的选品策略 / 206
 10.1.1 企业选品的六大心法 / 206
 10.1.2 企业选品的四大策略 / 209
10.2 社交电商新零售企业的顶层设计 / 212
 10.2.1 社交电商新零售企业顶层商业模式 / 212
 10.2.2 操盘团队成功起盘的核心架构 / 215

10.3 社交裂变：企业如何借力社交网络裂变经销商 / 217
  10.3.1 借力网络吸引经销商 / 217
  10.3.2 企业裂变渠道四部曲 / 218

10.4 渠道裂变：企业如何低价高效裂变并倍增渠道 / 220
  10.4.1 直接裂变经销商的策略 / 220
  10.4.2 将客户转化为经销商的策略 / 222

10.5 世界500强小米新零售的社交电商战略 / 225
  10.5.1 雷军的小米是一家社交化企业 / 225
  10.5.2 小米打响社交电商的枪声 / 227

10.6 新零售集团：全渠道社交零售，实践新零售革命 / 228
  10.6.1 全球名品：跨境奢侈品会员制电商 / 229
  10.6.2 社交电商蜜拓蜜的新零售：5G体验中心 + 社交渠道 / 232

后记 / 241

第一篇

知史以明鉴，查古以至今。做社交电商，首先要了解社交电商的发展史及未来趋势。否则，你将很难在社交电商这条路上走得长远，也不知道将去向何处。

大势所趋

Chapter One

第1章
社交电商时代：未来已来

▼

传统门店时代造就了苏宁、国美，传统电商时代成就了淘宝、天猫、京东。社交电商时代，谁将成为赢家？

回答上述问题之前，我们需要先明确社交电商的定义，理清社交电商的分类，详细剖析社交电商的发展史。

1.1 何为社交电商

回顾2017年、2018年和2019年，人工智能、区块链以及火爆异常的社交电商、新零售这几大风口不容错过。从我身边企业家及创业者的反应来看，新零售、社交电商火爆异常。而这两大领域正是我现在专注研究的领域，因此对其关注尤其多。

随着移动互联网的升级迭代，传统电商红利期逐渐消失，现在社交电商正发展得如火如荼。虽然社交电商出现的时间尚短，但因其抓住了商业发展与社交结合的契机，以其特有的属性迅速占领了移动社交网络。社交电商具有高度的传播性、互动性和聚类性，其善于利用移动终端，聚合社交媒体进行商业活动。

社交电商的规模很大，主要在于其没有时间、空间局限，没有人数限制，没有收入天花板。从业者可以将社交电商生意从中国做到世界各地，也可以24小时和任何人做生意，还可以无限裂变团队。

1.1.1 社交电商的定义

社交电商是基于人际关系网络，借助微博、微信、短视频、小红书等社交媒介，通过社交分享、用户生产内容等手段来降低商家获客拉新、裂变渠道的成本，促成商品的销售，并将客户终身价值最大化的新兴电商模式。社交电商将关注、分享、互动等社交化的元素应用于交易过程中，是电子商务与社交媒体的融合，是以信任为核心的社交型交易模式，是分享经济环境下的一种新兴电商模式,其最大的特点是具有强大的自生长性和裂变性。

社交电商是以社交为纽带的一种商业模式,和普通电商基于商品的营销模式不同,其根基是人与人之间的互动和互相信任。社交电商通过微信、微博等移动社交软件与粉丝、客户、代理进行互动与沟通,进而提升自己的业绩,裂变自己的团队,扩大事业版图。

社交电商以人为核心,经营的是人与人之间的关系。做社交电商,要和客户建立信任,需要经历以下三个步骤:第一步,通过好友申请;第二步,好友对我们提供的服务和价值感兴趣;第三步,与好友沟通互动。因此,我们要培养社交思维,通过与粉丝、客户、代理互动、交流,为他们提供服务和价值,进而从陌生人变成熟人,将弱关系变成强关系。不懂社交的社交电商从业者很难将事业做大做强。

用一个公式来表示,社交电商 = 消费者 + 分享者 + 服务者 + 创业者。

下面通过"一碗面的故事"来让大家更直观地理解社交电商,如图1-1至图1-3所示。

图1-1

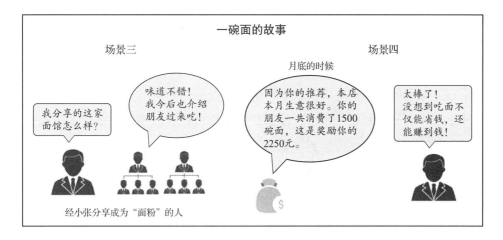

图 1-2

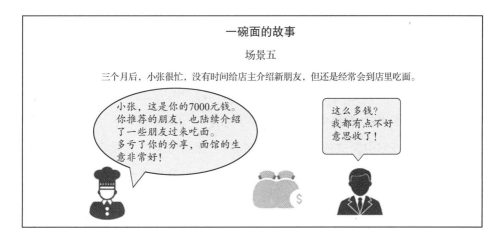

图 1-3

社交电商不单纯是一个借助社交网络卖商品的小生意人,而是集消费者、分享者、服务者、创业者于一身,借助移动社交工具创业,擅长团队作战的创业者。社交电商不同于以往任何时代的创业者,是移动互联网浪潮下、女性崛起背景下诞生的独特创业者。而且社交电商诞生于中国,之后才传至世界其他国家,是真正值得中国人骄傲的一种新的中国造商业模式和创业方式。

新时代要求社交电商创业者善于学习,做终身学习者,通过分享、传播,整合资源、组建团队,将品牌做大、做强。而且社交电商创业的阵地已不再局限于微信，从社交网站到线下聚会、培训、体验店等，都能看到社交电商的影子。

和跨境电商一样，社交电商必然会走向世界，促进中国梦的落地和实现，会有越来越多的国家和外国创业者向中国取经如何做好社交电商。我们的社群中就有来自马来西亚的学员，他们在学会如何做社交电商之后，又将社交电商这一新兴创业方式传播到马来西亚，让社交电商在当地生根发芽。这是中国的骄傲，是中国移动互联网的骄傲，也是中国社交电商人的骄傲！

移动互联网时代，世界在加速发展，社交电商的蜕变也在提速。随着人工智能、区块链等新技术的层出不穷，未来社交电商还会不断升级、迭代。社交电商人所要做的就是保持开放的心态，拥抱新事物，做一个终身学习者。

1.1.2 社交电商与传统电商的区别

社交电商与传统电商本质上都是零售，其核心环节始终是围绕"人、货、场"三要素展开，只是两者对"人、货、场"的影响方式存在差异。

按照拼多多 CEO 黄峥的说法，淘宝、京东等传统电商平台更像是电商版的 Google，是搜索引擎式的电商，是人找货；而拼多多、云集等社交电商更像电商版的 Facebook，核心是货找人。两者本质上都属于电子商务范畴，不过是两个物种。

传统电商是"人找货"模式，为需求导向型消费，但这一模式在电商红利期结束后已经显出疲软态势。社交电商是"货找人"模式，通过社交网络，借助客户、分销商的分享、推荐获取流量，降低了创业者获客拉新的成本。此外，社交电商通过与分销商合作，在低成本运营和推广的情况下拓宽了渠道，同时其合作伙伴还能获得更多收益，双方是一种双赢。

社交电商与传统电商在营销流程方面的区别如图 1-4 所示。

社交电商与传统电商的核心区别在于，谁建立了信任关系，谁就有了促进客户复购、实现流量裂变的资本。

图 1-4

在区分社交电商与传统电商时,有一点需要明确,那就是社交电商到底是电商社交化的结果,还是社交电商化的结果?如果是前者,那就意味着社交电商是传统电商演变甚至进化的产物。但纵观社交电商发展史之后,我觉得从严格意义上讲,社交电商的出现是双向演变的结果,即电商社交化和社交电商化皆有。

电商社交化:传统电商红利期逐渐消失之后,很多商家开始寻求新的突破,以求用更低的成本获客拉新。而 QQ、微博、微信、小红书等社交平台的出现,让电商社交化有了载体,其代表有京东的享橙、阿里巴巴的淘小铺、小米的有品有鱼等。

社交电商化:这种类型的社交电商以社交起家,并借助分享、分销等模式迅速扩散、壮大。移动互联网时代各种社交工具的发展是其出现的基石,社交是其内核,它更像是直销移动互联网化的物种。微商、云集微店是该类型社交电商的代表。

1.2 社交电商分类

关于社交电商的分类有很多种,但目前尚没有一个统一、全面的分类标准。我查阅了很多资料,综合了一些权威的观点,并将它们分门别类,整理出以下分类。

1.2.1 按照社交影响分类

之前有研究性文章将这种类型的社交电商分为社交内容电商、社交分享电商、社交零售电商三类。我当初研究时，总觉得这种分类方式在逻辑方面存在一定的问题，当认真梳理完整个社交电商的发展史，研究了现有社交电商的模式后，我发现其问题在于：本质上，社交内容电商、社交零售电商都是通过社交分享的方式发展起来的，其底层逻辑就是社交分享。因此，无法将社交分享电商单独归为一类。此外，研究者定义的社交分享电商，其实更像社交零售电商。

因此，我按照社交对电商的影响程度将其大致分为两类：社交内容电商、社交零售电商。

1. 社交内容电商

小红书、蘑菇街、小红唇、宝宝树、抖音、快手、得到、年糕妈妈、凯叔讲故事、豆瓣的电商板块等社交平台靠生产内容起家，借助优质的内容将有共同爱好的一群人聚集在一起，有了足够的流量后，开始通过电商板块实现变现。然而得到平台比较特殊，该平台自身借助优质内容已经实现变现，在积累了大量流量后，又开始拓宽其他品类的电商业务。此外，从严格意义上来分类，淘宝直播等网红直播型电商也属于社交内容电商范畴，粉丝运营、人格化的KOL（关键意见领袖）的IP打造、优质视频内容是其转化率的三大核心影响因素。这些电商平台已成为仅次于自营电商、平台电商后的"第三极"。

这种类型的社交电商通常是借助单个或多个KOL吸引大量粉丝，打造自己的私域流量池，粉丝黏性较高。其中，KOL的个人魅力和影响力是平台存活以及能否持久的关键。

2. 社交零售电商

拼多多、贝店、每日一淘、粉象生活、社交化的支付宝、淘宝的社交板块、京东的社交板块、转型前的云集微店等平台型社交电商，以及下文提到的导购型社交电商、品牌型社交电商等都属于社交零售电商。

它们借助稍做创新的商业模式获客拉新，积累了大量客户和分销商。后期,为了提升客户、分销商的黏性和体验,部分社交电商平台会增加内容板块,将内容的输出与零售业务融合。但内容只是为了辅助销售,与靠内容起家、存活的社交内容电商平台有明显区别。此外,社交零售电商的发展主要依靠品牌及平台的运营、管理能力,对 KOL 的依赖程度较小。

根据服务对象的不同,社交零售电商主要分为 B2C(直销)(见图 1-5)和 S2B2C(分销)(见图 1-6)两类:

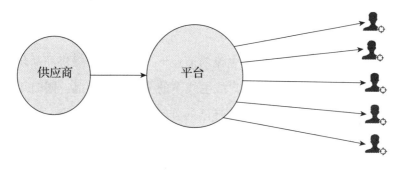

图 1-5

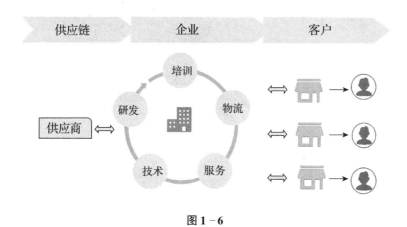

图 1-6

1.2.2 按照商业形态分类

按照商业形态分类,目前国内社交电商模式主要分为拼团模式、分销模式、社区团购模式、服务模式。

1. 拼团模式

用户在该类型的社交电商平台购物，如果分享商品，并引发熟人或网友拼团成功，将获得远低于单购商品的特惠价格。拼团模式的社交电商因为契合了人性爱贪便宜、分享有好处的特点，在合法合规的情况下，引发用户大量传播，大大降低了商家的引流成本，实现流量的裂变。

拼多多、淘宝特价版、京东拼购、苏宁拼购等是拼团模式的主要代表。

2. 分销模式

分销模式是目前社交电商中主流的商业形态，由平台提供商品供应、仓储、发货、售后等服务，通过用户线上线下的分享销售商品，同时用户还可以发展自己的分销商，并借此组建自己的分销渠道，赚取佣金，这种模式也称为S2b2C（见图1-7）。在很多文章中，S2b2C也被写为"S2B2C"。但严格意义上来讲，后者的"B"指的是规模较大的商场、超市，传统电商平台的小商家、线下小卖部以及这里提到的分销商，用"b"表示更合适。

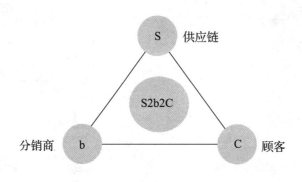

图1-7

需要指出的是，分销商在不同的社交电商企业中也分别被称为代理、店主、团长、合伙人、合作伙伴，但它与传统的渠道商并无本质差异。本书为了写作需要，在不同的章节针对不同业务模式的社交电商（如品牌型社交电商、平台型社交电商）分别用不同的称呼，望读者朋友不要混淆。

多级分销目前又分为一级分销和二级及以上分销两类。

常见的分销类社交电商模式见表1-1。

表 1-1

平台	定位	分销层级	门槛	邀请制
云集	由分销类社交电商转为会员电商	由多级转为会员制	已取消门槛	已取消邀请制
贝店	分销类社交电商平台	由多级转为一级	已取消门槛	是
京东享橙	分销类社交电商平台	由多级转为一级	已取消门槛	是
环球捕手	分销类社交电商平台	三级	购买399元礼包即成为店主	是
楚楚推	分销类社交电商平台	三级	购买399元礼包即成为店主	是
花生日记	分销类社交电商平台	三级	缴纳99元成为分销商	是
每日拼拼	分销类社交电商平台	三级	无	是
微商	分销类社交电商企业	由一级到多级	几百元、几千元、几万元门槛不等	是

综合来看，分销模式的吸引力主要体现在以下三个方面：

利益：优惠和佣金。

社交：参与感、互动感和温度感。

方便：建立在信任关系上的推荐，减少或者降低了选择的难度。

3. 社区团购模式

该类模式的社交电商结合了拼团模式和分销模式的优势，且融合了线下即得性、体验性等新零售要素，属于社交电商新零售模式。平台围绕线下社区，在社群中借助社交分享获客拉新，通过团长服务用户，在模式上它与一般社交电商并无明显差异，但社区属性让它具有了一定的独特性和优势。该类型的社交电商有：拼多多投资的虫妈邻里团、每日优鲜投资的每日一淘、美菜网投资的美家优享、美团投资的松鼠拼拼等。

虽然当下的社区团购还在摸索和发展过程中，但我们觉得，无论是社区型社交电商，还是社区新零售，由于线下的距离优势（更近）和社区属性（信任感），其更容易触达和服务用户，因此有着很大的发展前景和想象空间。

4. 服务模式

随着社交电商的发展，出现了以 SEE 小店铺、有赞、微盟、无敌掌柜、点点客、微商水印相机、微谷国际等为代表的第三方服务商，这些服务平台是间接掘金人，属于社交电商界的"卖水人"，很像美国淘金热时期为广大掘金者提供水、牛仔裤、工具的服务者。我们将此类企业的商业模式统称为服务模式。

目前常见的社交电商服务模式主要有以下几种。

（1）培训类社交电商

这类社交电商主要是通过教育培训为社交电商创业者提供如何做社交电商的知识，帮助他们裂变团队。教育对各行各业来说都很重要，对社交电商行业更是如此。

很多把社交电商做大做强的创业者都有一个共性，那就是重视教育和学习。在做社交电商早期，他们愿意花钱花时间投资自己的大脑，学习吸粉、零售、招代理、服务客户等知识，然后将这些知识用于实践，同时再分享给自己的代理，最后才取得了现在的成就。很多人只看到成功的社交电商在舞台上光鲜的一面，却忽略了他们背后的付出和努力。如果你只想要好的结果，却不愿意花时间学习，付出足够的努力，那么建议你最好不要做社交电商，因为你中途肯定会放弃。

目前市场上为社交电商做教育培训的机构越来越多，其主要提供社交电商团队内训、品牌操盘等服务，部分培训机构还提供为企业操盘的服务。社交电商教育培训机构要想在市场上存活下去，就要拿结果说话。如果你的教育和服务很难落地，那么在市场不透明的情况下，客户可能会选择你。但当市场越来越透明、竞争越来越激烈的时候，很多社交电商团队、品牌会优先选择其他更好、更有优势的教育培训机构。

（2）工具类社交电商

工具类社交电商主要为广大社交电商平台提供拼团、分销、一件代发等技术方面的支持。有赞、微店等平台就属于工具类社交电商。

（3）服务型社交电商

服务型社交电商平台主要为广大社交电商提供咨询、操盘、代运营等服务，一般是有一定资源和实力的创业团队整合众多资源创建的，这些公司往往拥有很多资源和人脉，目标也很高。有些小平台因为资源有限，刚开始只选择某一个点作为突破口，后期实力增强、资源增多后才开始以点带面发展。部分服务型社交电商平台既提供教育培训，又提供服务，它们前期想借助教育培训这个风口起家，赚快钱，但又意识到教育培训天花板比较明显，而且单纯靠教育培训上市太难，所以也想靠社交电商服务拓宽企业盈利板块，为后期上市做准备。

服务型社交电商平台要想做大做强，就要为广大社交电商创业者持续提供过硬、落地的服务。如果你提供的服务不能让大部分社交电商和社交电商品牌满意，那么你自然会被抛弃。

1.2.3 按照业务模式分类

按照业务模式来分，社交电商可分为导购型、平台型、品牌型、个人型、团队型五类。

1. 导购型社交电商

导购型社交电商是基于淘宝、天猫、京东等传统电商平台的社交电商，也有研究者称其为淘客型社交电商。它将上述这些平台的商家优惠券通过技术手段集中在自己的平台，然后吸引想便宜购物的用户进行注册，部分导购型社交电商也会采用分销模式，引导用户成为分销商，或者直接通过优惠政策招募分销商。导购型社交电商有小熊有好物、小熊有好货、粉象生活等。

南京有家导购型社交电商是基于京东的导购型平台，曾经邀请我们作为社交电商顾问，为其设计分销模式。

导购型社交电商具有以下特点：

①类似于淘客，依靠传统电商平台存活，同传统电商平台之间的关系有点像寄生关系。

②大部分采用分销模式。

③通过技术手段将平台上的商家优惠券集中到自己的平台上，赚取商家的补贴。

④粉象生活这样的导购型社交电商有自营的商品，更像导购型社交电商与平台型社交电商的混合体，具有一定的优势。

2. 平台型社交电商

云集、贝店、花生日记、楚楚推等是平台型社交电商的典型代表。

平台型社交电商具有如下特点：

①有大量商家入驻。

②销售不同品牌的商品。

③分销模式的平台型社交电商，其会员可以升级为店主（分销商），自购省钱、分享赚钱，推荐分销商可获得奖励。

④与品牌型社交电商相比，平台型社交电商的产品品类更丰富，基本满足了消费者日常的吃穿住行等方面的需求。

3. 品牌型社交电商

该类型的社交电商又分为自有品牌型社交电商和传统品牌型社交电商，与平台型社交电商相比，品牌型社交电商的产品品类往往较少。但是，现在已有大量自有品牌型社交电商开始实施多元化战略，朝平台型社交电商转变。

(1) 自有品牌型社交电商

自有品牌型社交电商主要以微商品牌为主，大量草根品牌借助微商模式起盘，靠微商红利期崛起，并完成了品牌化的过程。思埠、TST 等是这类社交电商的翘楚。

自有品牌型社交电商具有以下特点：

①通过 OEM 或 ODM 联合开发、制造贴有自身品牌名称的产品。

②借助分销商的社交网络作为其产品推广及销售的主要渠道，天然具备社交基因。

③以较低的成本获得社交流量，完成获客拉新，实现客户、分销商的裂变。

（2）传统品牌型社交电商

有些品牌试水社交电商，想在社交网络时代借助该模式开拓新的社交渠道，实现流量的裂变。这类传统品牌主要包括传统实体品牌和传统电商品牌，前者如蒙牛、娃哈哈、王老吉、伊利、云南白药、洋河、广药等，后者如喜马拉雅等。目前，雀巢等大量国外大品牌也开始试水社交电商。此外，蒙牛等传统品牌型社交电商开始实施平台化战略，朝平台型社交电商的方向发展。

传统品牌型社交电商具有以下特点：

①以线下或传统电商平台销售产品为主。

②以社交网络作为销售渠道的补充，辅以产品销售。

③一般直接向终端客户销售产品。

4. 个人型社交电商

个体借助自己的社交网络及社交信任货币，通过分享、推荐等方式，向社交圈中的客户销售产品。

个人型社交电商具有以下特点：

①个人或意见领袖借助社交网络向社交圈的人销售产品，社交圈的人也会借助其在社交网络中的影响力带动销售，转化率很高。

②以零售产品为主，也可以组建自己的分销商团队，但团队规模在 50 人

以内。

③个人型社交电商与平台型社交电商、品牌型社交电商企业合作,既是其客户,也是其合作伙伴,还是渠道连接点。企业通过让利给个人型社交电商,降低了裂变和运营的成本。

5. 团队型社交电商

部分个体善于打造自己的关系网络,通过发展团队,组建自己的分销渠道网,借助社交电商平台获得大量收益,这也是社交电商平台对个体创业者的极大吸引力所在。这部分个人型社交电商被称为团队型社交电商更为合适,团队型社交电商往往以"××团队""××家族""××战队""××联盟"来命名团队,以彰显其实力和势头,并借此吸引更多人加入。该类社交电商创业者往往有自己的公司,用企业化的方式运营自己的团队及事业,更像是个人与企业的复合体。

团队型社交电商具有以下特点:

①团队型社交电商的创始人通常是一个具有一定凝聚力的意见领袖,能吸引一批人跟着他创业,具备一定的领导力,善于洞察人性、影响人心。

②分销商团队规模在50人以上,团队长借助团队的力量获得大量收益。

③团队长拥有更大的话语权,其影响力并不逊于企业,甚至在与社交电商平台合作时拥有更大的议价权;部分团队长会考虑创建自有品牌。

④团队型社交电商与平台型社交电商、品牌型社交电商企业合作,是其重要的渠道连接点,双方一起大力推动社交电商生态的发展。

⑤团队型社交电商已成为社交电商生态系统的重要参与者及行业发展的有力推动者。

1.3 社交电商的强、弱社交关系分别该如何维护

按照关系的强弱,社交电商可以分为强社交关系电商和弱社交关系电商。

前者注重社交关系的维护，后者更注重平台内容的生产和沉淀，两者在关系维护方面的方式方法有所不同。

1. 强社交关系维护

强社交关系电商其实类似于分销模式的社交电商，分销商是其非常重要的社交网络关系维护的连接点和渠道。分销商（代理、店主、团长等）既是客户，又是合作伙伴，在S2b2C模式中，其更像是b和C的混合体，同时还要发展和服务C端。强社交关系电商中的分销商要想提升业绩，一方面是发展和服务C端（客户）；另一方面则是发展和服务b端（团队）。而后者也是强社交关系电商吸引很多有野心的中小创业者的重要因素。

对强社交关系电商而言，如果想裂变团队，维护好强关系链是重中之重。重点要做好以下几点。

（1）利益分配

首先，上下级关系和利益的绑定是强社交关系电商模式稳定的前提。彼此之间有了利益关系，分销商会更用心、更积极地对团队伙伴进行"传帮带"。

其次，合理诱人的利润能让分销商更踏实、更有动力来发展自己的事业。

因此，相对而言，蒙牛、TST等品牌型社交电商对那些有一定实力和资源的中小创业者更有吸引力，因为其利润空间足够大，而且通过分销模式，分销商能获得足够多的利益。此外，很多品牌型社交电商在模式合法合规的前提下，还设有团队管理奖，这就能进一步激发那些渴望创造管道财富的分销商为事业拼搏。

反观平台型社交电商，可分配的利润空间较小，对那些有实力的中小创业者吸引力较弱。如果平台在模式合法合规的前提下能设置团队管理奖，这或许能提升平台的魅力。

（2）提供优质的产品和服务

社交电商是以人为中心，以社交为纽带，客户、分销商都是其需要精心维护的对象。对于客户、分销商的维护，除了进行社交互动，还需要有优质的产品和服务，让客户对产品和服务满意，获得更好的体验。

（3）设置淘汰机制

如果缺乏淘汰机制，时间一久，很多社交电商就将出现懈怠状态。为了激励士气，用"良币驱逐劣币"，社交电商企业可以设置一定的淘汰机制，定期更新企业血液。

2. 弱社交关系维护

小红书、拼多多是弱社交关系电商的代表。前者主要靠平台为用户提供优质的内容维护平台与用户间的关系，后者则主要靠产品和服务维护社交网络。

（1）靠内容维护社交关系

以小红书为例，它通过网红、明星等KOL在平台输出优质内容，聚集和沉淀用户。对弱社交关系电商而言，内容的输出和沉淀是关键。因此，如何激发上述KOL持续输出优质内容，触达用户，是弱社交关系电商维护好社交关系的关键，具体操作有以下方式。

①根据目标用户确定选题。

平台根据自己的目标群体筛选选题，为平台用户提供高价值的内容。

②对内容进行精细化处理。

一方面，平台对提供的内容进行审核和编辑加工，以保证内容的质量；另一方面，平台还会对内容进行分类，减少用户选择的时间，提升用户的使用体验。

③内容要丰富多样。

平台内容可以用多种方式呈现，文字、图文、视频形式会让平台内容丰富多样，提升用户的阅读体验。

同时，平台要设置读者交流区，方便读者之间及读者与作者之间的沟通交流，强化社交元素。

④内容触达用户。

平台借助算法等技术手段，根据用户的喜好和关注领域将分类后的内容推送给目标人群，让其真正触达用户，并减少不相关内容对用户的打扰。这将大大提升用户的体验，并增强其对平台的好感度及黏性。

（2）靠产品和服务维护社交关系

与分销模式的社交电商不同，拼多多采用的是非分销模式。这就意味着它不像上述强社交关系电商那样，有分销商来服务客户和下属分销商，维护彼此之间的强社交网络。拼多多的社交化程度较弱，平台与用户之间弱关系的维护需要借助产品和服务来实现。

①产品。

前期，拼多多以微信平台的巨大流量为入口，并借助拼团模式迅速裂变。但与传统电商平台相比，其平台的产品并无太多优势，甚至一度在用户印象中是低质低价的代名词。

拼多多创始人黄峥意识到问题的严重性后，开始对产品质量严格把关，筛选入驻商家，扭转了用户对拼多多的已有印象。

②服务。

除了产品，服务是弱社交关系电商的重中之重。平台提供的服务要与传统服务有所不同，增加社交元素，并采用新科技将线上线下服务进行融合。

此外，会员制也是弱社交关系电商发展的重要方向之一。这方面美国的Costco（开市客）及转型后的云集是借鉴的对象。虽然Costco的商品便宜，但用户口碑却极好，它是如何做到的？Costco采用的是会员制模式，通过为会员提供优质低价的产品、高质量的服务，获得了用户的高度认可和广泛传播，而它收取的会员费正好反哺利润。

Chapter Two

第 2 章
社交电商发展简史：
深度剖析社交电商的前世今生

2018 年 7 月 26 日，拼团模式的平台型社交电商拼多多正式登陆纳斯达克，成为中国社交电商第一股。截至当晚十点半，收盘价 19 美元，总市值达 210 亿美元。从创立到上市，拼多多花了不到三年的时间。

2019 年 3 月 21 日，云集正式向美国 SEC 提交了上市招股书，代码为 YJ，主承销商为摩根士丹利、瑞士信贷、摩根大通、中金。此前，云集已实现两轮融资：A 轮 2.28 亿元、B 轮 1.2 亿美元。

2019 年 5 月 3 日是社交电商史上非常有纪念意义的日子。于 2015 年 5 月上线的平台型社交电商鼻祖云集（前身为云集微店）登陆纳斯达克。此时此刻，其创始人肖尚略内心不知作何感想？

2019 年 5 月 8 日，刘涛代言的贝店官方宣布其完成了 8.6 亿元的融资。

2019 年伊始，中国主流媒体和实力资本的目光被云集、贝店、拼多多、蜜芽、每日一淘等头部平台型社交电商所吸引。

在关注这些光彩照人的社交电商平台之时，我们有必要梳理一下社交电商发展史。站在当下回首往事，总是能看出很多与人性相关的东西。

2014年李克强总理首次提出"大众创业、万众创新"的理念。在2015年两会期间，李克强总理在政府工作报告中，更是将"双创"提升到中国经济转型和保增长的"双引擎"之一的高度，这对创业者，尤其是草根社交电商创业者来说，无疑是一针强心剂，表明国家已经把创业上升到了国家战略的层面。

在这个大背景下，社交电商获得了高速发展。

下面让我们来简单回顾一下社交电商的昨天，直视社交电商的今天，畅想社交电商的明天。

2.1 社交电商的昨天：起源、萌芽、发展

野蛮生长是一个新兴行业的普遍状态，新生儿社交电商也不例外。总体而言，社交电商的昨天是其红利期，跟风的速度是该阶段取胜的关键。

1. 2011—2013年：社交电商野蛮生长

严格意义上讲，从2011年开始兴起的社交平台微博是中国社交电商的发源地。微博适合用户生产内容与社交互动，部分KOL、品牌积累了一定的影响力和粉丝群后，开始尝试商业变现。这便是最早的社交内容电商：借助社

交平台生产内容，再设法实现商业变现。但因为支付、客户关系管理功能的不足，微博社交电商平台始终没有形成足够大的影响力。这时候，时代在呼唤更适合移动互联网时代的社交电商平台。

微信的出现加速了中国移动互联网时代的到来。估计腾讯微信团队自己都没想到，他们于2012年4月19日发布的微信4.0版本将成为无数创业者创业的肥沃土壤。在这片创业土地上，无数本来机会很少的创业者崛起，俏十岁、欧蒂芙等自有品牌型社交电商（当时称为微商）借助移动互联网这股大势换道超车，在短短几年时间内创造了众多传统大品牌不可能创造的奇迹，让人瞠目结舌。然而，在这些社交电商崛起的同时，我们也看到诸如假货、乱价、谣言等在传统企业、电商中为人诟病的问题在微信创业中也出现了。这既让微信创业成就了草根创富神话，也让无数微信创业者成了人人喊打的过街老鼠，而这段黑历史也成了社交电商创业者的原罪。

2014年俏十岁、思埠等微商品牌的火爆让"微商"这个称呼横空出世。"最初只是一盒一盒地卖，现在则成百上千"，俏十岁面膜意外走红后，其创始人武斌将这种在微信朋友圈销售产品的商业行为定义为"微商"。在此前，微商创业一直被称为微信创业，因为它起源于微信这个庞大的社交平台。可以说，是微信平台催生并带火了社交电商家族非常重要的成员——微商。

值得一提的是，在微商鼎盛时期，也诞生了诸如云集创始人肖尚略、俏十岁创始人武斌、思埠集团创始人吴召国、蜜拓蜜创始人张爱林、桑兮兮、夫子等一批中国最早的顶级微商操盘手，他们都具备很强的目标拆解能力和目标跟踪能力，且喜欢进行造势，并善于在团队中树立标杆（打造团队崇拜的偶像）。此外，和其他行业的成功者相似，他们还有一个共同的特征，那就是对成功充满强烈的渴望。当时广东、福建等地区科技发达、创业环境宽松，因此也成为上述顶级操盘手云集的重要原因。

最早从事微信创业的人在朋友圈卖知名品牌的产品，这些创业者将包、鞋、手表等拍照上传到朋友圈，由于该种营销方式新颖、直接，加上彼时微信正处于装机率的绝对红利期，微信这款社交 App 不仅成了移动社交工具的领军者，其出色的客户关系管理系统、移动支付功能形成了社交商业的闭环，让创业者如获至宝。借此，早期的微信创业者在低投入的情况下获利颇丰。有做社交电商的朋友说，当时在朋友圈卖货几乎就是捡钱，你只要照着上家发朋友圈的方式将产品发布到朋友圈，就可以卖出很多货，如果你再有点商业头脑，懂得发展代理，你将赚得更多。

微信创业真正蔚然成风是在生产能力很强的供货厂家进入之后，广州是发源地，随后扩散到福建、浙江等创业氛围较浓厚的地区。有商业头脑的商家开始大力发展代理商，此时的代理商更接近分销商，以宝妈、家庭主妇、大学生、无业者为主，跟着上家学习加微信好友，将上家朋友圈的产品文案复制转发到朋友圈，吸引客户购买产品，客户打款后，他们再打款给上家，上家开始发货给客户。上家给下线的利润一般为价格的 10%～30%，比较可观，这为这些没有太多商业机会的人群提供了创业机会，因此迅速吸引了大批人群加入微信创业大军。

2. 2014 年：社交电商爆发

2014 年，更多拥有商业头脑和前瞻意识的创业者开始涌入微信创业，一时之间众多社交电商品牌崛起。俏十岁、欧蒂芙、万色水母这些当时名噪一时的社交电商品牌就爆发于这一年，这些品牌的出现推动了"微商"这一名词的诞生。从此，众多微信创业者就有了一个统一的称号：微商，也让这些创业者有了归属感。

其实，当时俏十岁这些社交电商品牌方已经具有品牌意识，只是尚处于初期，而且由于品牌运营经验不足，后期遇到涉嫌传销、假货、三无产品等问题，品牌出现震荡，元气大伤。

很多人对于面膜能成为早期微商创业者的首选产品非常不解。其实也不难理解，早期微商能蔚然成风，是因为其契合了人性对暴利的渴望，而片状面膜具有客单价高、毛利率高、消耗快、频次高等特点，且商家将其进行精致包装后，很容易让对中高档品牌消费意识觉醒的中国女性对其实际价值产生误判并大量消费。

2012—2014年这段时期可以称为社交电商红利期，这个时期社交电商创业者能轻松赚到钱，并不是他们有多精明能干，而是遇到了社交电商这个大风口。正如小米创始人雷军所言：在风口上，猪都能飞起来。当时的社交电商创业者就是社交电商风口上的猪。只是他们忽略了一点，如果你没有翅膀，即使飞起来了，一旦风停了，你将摔得粉身碎骨，这也是后来众多社交电商和社交电商品牌很快烟消云散的核心原因。

社交电商能迅速发展壮大，主要得益于以下几大因素：

① 传统电商红利期已过，不再适合个体创业，而是更适合大资本玩家运作。

② 大量中小品牌开始寻求新的低成本渠道。

③ 传统品牌局限于传统思维，未能察觉到移动互联网时代新生代消费者的需求和消费习惯，这也就给那些更懂移动社交人群消费心理的商家和品牌提供了机会。

④ 传统企业受电商冲击较大，加上经济面临转型，就业环境严峻，很多人开始自谋职业。

⑤ 国家倡导"大众创业、万众创新"，全民创业环境逐渐形成。

总结：

2011—2014年这段时期的社交电商主要是产品为王和速度为王，做得好的社交电商要么是选对了产品，要么是用速度抢占了市场。

产品为王：在社交电商野蛮生长的时期，适合社交电商渠道的好产品很稀缺，如果你选对了产品，那么这段时期你不想赚钱都很难。很多社交电商之所以刚开始做得很好，也赚了不少钱，但后来却惨遭滑铁卢，就是因为没有选对产品，做了一段时间后产品质量出了问题，被迫重新选品，但你在客户、代理心中建立的口碑和信誉已大受影响，加大了东山再起的难度。

速度为王：微信创业伊始，很多人误打误撞进入朋友圈创业，其中有一部分人行动力很强,在很多人还在观望、犹豫时,他们意识到了眼前的机会,立即行动,借助红利期迅速挖到了社交电商创业的第一桶金。这类人可能心中很明白,任何一个新兴的行业在诞生之初问题与机会都将是并存的,在红利期赚钱才更容易。有个做自媒体的朋友,成名之前只是个普通老师,在微信公众号兴起时他最早把握住了机会,借助微信公众号红利期迅速积累了近百万粉丝,挖到了一大桶金。

2.2 社交电商的今天:崛起、规范、蜕变

崛起、规范、蜕变中的社交电商,开始比拼团队规模,围绕 S2b2C 模式中"b"的争夺战是这期间的主流游戏。

1. 2015 年:社交电商崛起、规范

创立于 2015 年 5 月的云集,原名云集微店,2017 年转型为会员制社交电商,专注于为会员提供美妆个护、手机数码、母婴玩具、水果生鲜等全品类的精选商品,并于 2019 年 5 月在美国纳斯达克挂牌上市,市值超百亿元。但在此之前,它是一家借助社交工具获客拉新、实现流量裂变的平台型社交电商,采用三级分销模式,迅速裂变、发展了大量分销商。可以说,云集是平台型社交电商的鼻祖。

从 2015 年年中开始,因涉嫌传销、假货、三无产品等问题,社交电商的负面消息四起,一时间人心惶惶。加上此时社交电商已远不如 2012—2014 年那么好做,货难卖,代理难招。很多社交电商因为看不到希望,开始放弃或转行;很多媒体也开始煽风点火,预言社交电商即将灭亡。

但其实社交电商的生命力很强,不会轻易灭亡,只是红利期已过,面临升级迭代的问题。

事实上,传统企业、电商也遇到过假货、三无产品等问题,这些问题其实在任何一个商业模式中都会存在,难以根除,需要市场和监管部门联合管

理。假货、三无产品和社交电商其实没有必然联系，只是媒体和社会舆论将其在社交电商领域放大了而已。

至于社交电商涉嫌传销，则是少部分社交电商从业者将社交电商做歪了，因此步入歧途。其实，在中国直销行业兴起之初，也是传销新闻满天飞，但后来国家开始整顿直销行业，才让直销行业朝规范、健康的方向发展。我们认为社交电商必然也会像直销行业那样，未来会趋向规范化、健康化、正规化发展。

不过，有一个很有趣的现象，就是在一个新事物诞生之初，观望者和看笑话者众多，一旦这个新事物出现一些负面消息，会立马被发现并被放大。但很多人忽略了一点，就像一枚硬币一样，任何事物都是有正反两面性的，有积极的一面，也有消极的一面，就看是利大于弊，还是弊大于利。如果长期来看弊大于利，那么消亡是迟早的事；但如果利大于弊，那么存活并成为社会主流的概率就极大。

很多人只看到社交电商的假货、三无产品等问题，但他们忽略了社交电商解决了中国乃至世界上诸多人口的就业问题，提升了营销效率、零售效率，降低了企业的运营成本，为宝妈、家庭主妇、大学生、上班族这些群体创造了创业的机会，为社会创造了更多可能，让社会变得更美好。社交电商是中国首创，很多国家已开始向中国社交电商行业取经，这为中国在移动互联网时代换道超车提供了基石，为中国梦的实现注入了活力。

2. 2015年年中—2016年上半年：社交电商开始蜕变

在这段时期，社交电商进入了调整期。调整也必然会伴随着震荡，很多社交电商开始放弃，但部分社交电商选择了坚持。此阶段社交电商开始重视团队作战，不再是单打独斗。此时的社交电商如果想在这个行业顶住竞争压力、站住脚、迅速崛起，必须要组建团队。

财经作家吴晓波在《激荡三十年》一书中写道："当这个时代到来的时候，锐不可当。万物肆意生长，尘埃与曙光升腾，江河汇聚成川，无名山丘崛起为峰，天地一时，无比开阔。"

品牌型社交电商和平台型社交电商的时代来临了。

总结：

总体而言，2015年年中到2016年上半年，社交电商界是团队为王和口碑为王。

团队为王：团队可以让社交电商更有竞争力，也可以放大你的价值和影响力，同时还可以为你创造被动收入，让你的收入没有天花板。这段时期社交电商界开始出现了很多"战队""家族""联盟"，很多大的团队长也是在这个时期崛起的。这说明很多社交电商已经意识到单兵作战的势单力薄，明白团队化才是可以放大个人价值、力量、影响力的利器。我们身边很多拥有大规模团队的朋友正是在这段时期组建了自己的团队，刚开始只有几十人、几百人，但发展至今，团队人数已达数千数万之众，而他们在实现财富自由的同时，也帮助了很多普通人开启了创业，为社会创造了巨大价值。

口碑为王：社交电商是以人为中心，借助社交网络崛起，依靠客户、代理的信任才能不断壮大。那些注重信誉和口碑的社交电商会越做越大，成为大的团队长，或自创品牌成为品牌方。

因此，刚开始创业的社交电商如果想少走一些弯路，借力迅速崛起，最好加入一个靠谱的社交电商团队。加入团队好处多多，有人带、有人教，迷茫、纠结时有伙伴给你鼓励，借助平台和团队你的起步也会变得更轻松更容易。前提是你要找到一个靠谱的团队，如何判定一个团队是否靠谱？具体标准请参阅本书的相关章节。

2.3 社交电商的明天：融合、迭代、升级

未来已来，社交电商的明天其实已在眼前，只是很多人还未看见罢了。想在社交电商领域成就一番事业的创业者要学会预测社交电商的未来，并提前布局。

很多规律是相通的,社交电商的发展轨迹其实可以从传统商业、传统电商、直销身上找寻。

社交电商在发展期间还会经历更多波折,但总趋势是:未来,社交电商将不断融合、迭代、升级,品牌化、平台化、科技化将成为潮流,社交电商的明天必然会越来越好。

1. 社交电商规范化

政府持续关注社交电商行业,政策利好频出,整体环境为其提供了良好的发展土壤。

2019年1月1日,《中华人民共和国电子商务法》正式施行。关注度极高的微商、社交电商被正式纳入电子商务领域,为法律所认可。《中华人民共和国电子商务法》的实施,是社交电商发展的里程碑事件,将极大促进社交电商行业的规范、健康发展。

而在此之前,社交电商的立法曾走过一段较长的路。

早在2013年12月27日,全国人大常委会便正式启动了《中华人民共和国电子商务法》的立法进程。

2015年11月6日,国家工商行政管理总局在《关于加强网络市场监控的意见》中指出,积极开展网络市场监管机制,建设前瞻性研究,研究社交电商、跨境电子商务、团购O2O等新型业态的发展变化。

2016年11月29日,国务院《"十三五"国家战略性新兴产业发展规划》提出,加快重点领域融合发展,推动数字创意在电子商务、社交网络中的应用,发展虚拟现实购物、社交电商、"粉丝经济"等营销新模式。

2016年12月,商务部、中央网信办、发展改革委联合发布《电子商务"十三五"发展规划》,提出要积极促进社交电子商务健康快速发展,积极鼓励社交网络电子商务模式。鼓励社交网络发挥内容、创意及用户关系优势,建立链接电子商务的运营模式。

2017年1月,中国电子商会微商专委会、中国政法大学传播法研究中心和中国公司法务研究院等组织联合起草了《微商行业规范(征求意见稿)》。

2017年6月，商务部通过了中国互联网协会提出的行业标准《社交电商经营规范》的申请。2018年7月6日，商务部就《社交电商经营规范》等规范公开征求意见。

此外，中国电子商会微商专业委员会、中华全国工商联美容化妆品业商会微商专业委员会、中国电子商务协会微商发展工作委员会、中国商业经济学会微商专业委员会、中国互联网协会微商工作组等行业组织相继成立。与此同时，世界微商大会、中国微商博览会、社交电商创业颂等各种微商、社交电商行业的高规格论坛和交易会相继展开。

在第十二届全国人大常委会第二十五次会议上，由商务部牵头组织编制的《中华人民共和国电子商务法（草案）》首次提交审议。《中华人民共和国电子商务法（草案）》的公布和实施，为社交电商行业提供了法制保障，促进其规范、健康发展。

2018年8月31日，十三届全国人大常委会第五次会议表决通过《中华人民共和国电子商务法》，并确定《中华人民共和国电子商务法》自2019年1月1日起正式施行。

相关法律法规的出台、行业组织的成立、高规格论坛的开展为社交电商正言，大大促进社交电商的规范和健康发展，帮助社交电商走得更远更久。

2. 社交电商迭代、升级

将社交电商的迭代、升级称为社交电商的演化更为合适。演化具有随机性、自发性、自下而上性等特点，从生物学角度来说，生物演化是为了适应自然环境而做出的选择和进化；从经济学角度来说，商业的演化是企业为了适应市场环境而做出的自我调整、变通。简言之，适者生存。

社交电商虽然是移动互联网时代科技发展、社交网络与电子商务融合的必然产物，但当下主流分销模式的社交电商仍然存在一定的不确定性。因此，很多分销模式的社交电商在借助分销模式获得大量客户、渠道之后，会尝试转型，其中一个主要方向是会员制社交电商，即取消或弱化分销模式，专注于为会员提供优选的商品及高质的服务，该类社交电商以云集为代表。在转型为会员制社交电商之前，云集借助分销模式起家，算是平台型社交电商的鼻祖。在积累了大量客户及分销商后，云集开启上市计划，但投资人对其分销模式存在的风险始终存在顾虑，云集最终下定决心放弃让其崛起的分销模式，转型为会员制社交电商。说到底，这其实是社交电商自然演化的结果，是企业在收到市场反馈后做出的妥协与变通。

此外，数字化时代、人工智能时代，社交电商会凭借这些技术实现大的升级和迭代。与传统电商相比，社交电商门槛更低、更灵活、传播更快，而且是去中心化。未来社交电商必定会和更多新事物、新技术相结合，实现更多的可能性。

3. 社交电商品牌化

传统企业从市场到品牌，电商从淘宝到天猫，最终都要走向品牌化，社交电商也不例外。

其实社交电商品牌化从2016年已经开始，这一年可以称为社交电商品牌化元年。很多社交电商团队和品牌已经意识到品牌的价值及重要性，开始致力于打造品牌。

品牌划分为企业品牌和个人品牌两类。

（1）企业品牌

企业品牌化可以增加产品的溢价，提升产品的价值和影响力。星巴克的咖啡价格比一般咖啡要贵，并非是它的咖啡质量比其他咖啡好多少，本质是因为星巴克的品牌影响力。我们购买品牌其实买的是品牌带给我们的体验和感觉，很多人觉得在星巴克喝咖啡能够拥有比一般咖啡店要好得多的享受和感觉。所以如果你的产品想长销，就要走品牌之路。没有品牌化的产品是没有根基的，也经不住市场的风吹雨打。

关于企业品牌，又分为两种：社交电商品牌化、传统大品牌社交电商化。前者天生具有社交电商基因，不足之处是品牌影响力弱，美誉度不够，因此需要打造企业品牌和影响力。我们服务过的一些品牌，如TST、细莫、阿米日记、秘媞等早已开始实施品牌化战略，通过请明星代言、广告造势等方式打造影响力。后者是传统大品牌进军社交电商，代表性品牌有格力、蒙牛、娃哈哈、王老吉、广药、喜马拉雅等。传统大品牌本身已有一定影响力和美誉度，布局社交电商优势明显。但其短板是没有社交电商基因，需要通过和专业的社交电商操盘团队合作，放大其优势，弥补其不足。

（2）个人品牌

微信有句宣传语：再小的个体都是品牌。21世纪是个体崛起的时代，移动互联网时代个体崛起的速度在加快。社交电商想要做大做强，就要走个人品牌路线，成为超级个体。为什么客户买你的产品而不买别人的？为什么代理要追随你而不是他人？其实背后是因为你这个人，因为你的个人魅力和影响力，你的个人魅力和影响力就是你品牌价值的体现。个体社交电商要想让自己拥有更多的话语权，吸引更多的资源，就要打造个人品牌。

我们身边有一些社交电商团队长，之前是做传统企业的，在涉足社交电商之后发展得很快。原因就是他们在做传统企业时已经积累了很多粉丝，他们的很多粉丝直接跟他们说："老大，你卖什么我们就跟着卖什么；你买什么我们就跟着买什么。"之所以会这样，是因为他们在粉丝心中已经建立了信任度和影响力。

4. 传统企业大量进军社交电商

2016~2017年，立白、广药、云南白药、格力、洋河等很多传统大品牌开始涉足社交电商，但这只是传统企业的冰山一角，而且这些进军社交电商的品牌其实更多只是尝试，并没有全力以赴。更多的传统企业是观望和蠢蠢欲动状态，它们既羡慕社交电商市场的巨大潜力，又恐怕国家会整顿或取缔社交电商，连累自己的品牌。

因此，国家出台文件规范和认可社交电商后，这些传统企业就像潮水般涌进社交电商界，社交电商市场将全面爆发。

传统企业进军社交电商之后，好的讲师、团队长、操盘手等人才变得紧缺，培养相关人才是需要一定时间的。因此，好的讲师、团队长、操盘手将身价倍增，很多传统企业开始从其他公司挖人。

5. 社交电商走向世界

社交电商是移动互联网时代的产物，和支付宝、微信、共享单车一样，它诞生于中国，在中国发展壮大，并传至国外。目前新加坡、韩国、马来西亚等国家已开始向中国取经，将社交电商这一商业模式应用于本国的发展，这是非常值得中国人骄傲和自豪的。

未来会有越来越多的国家向中国学习如何做社交电商，其中包括很多发达国家。

6. 跨境社交电商将迅速发展

受国家政策的影响，目前跨境电商的发展进入"动车时代"。跨境社交电商已出现，后期一旦国家出台相关法律法规，跨境社交电商将如雨后春笋般发展。由于社交电商自身的传播和裂变优势，跨境社交电商的发展速度会超越跨境电商，进入"高铁时代"。

7. 社交电商精准扶贫将提上日程

精准扶贫最早于2013年11月由习近平总书记提出，是相对粗放扶贫而言的。它是指针对不同地区、不同贫困对象的情况，靠精确识别、精确帮扶、精确管理的方法对贫困户进行扶贫，用科学的方法提升扶贫的效果。

电商精准扶贫作为国家的一项政策，对解决贫困问题大有裨益。社交电商扶贫其实比电商扶贫更有优势，具体原因如下。

其一，社交电商门槛低。从事电商需要有计算机，有一定的资金投入。而很多社交电商品牌只需要一部手机以及较少的资金就可以创业，门槛比较低，很适合贫困户。

其二，易操作。从事电商需要从业者懂一定的计算机操作知识，需要进行专业知识培训。而做社交电商只需要会使用微信就可以起步，操作方便简单，很适合文化水平较低的贫困户。

其三，社交电商更生活化。电商的生活气息相对较弱，而农户做社交电商，生活气息很浓，可以随时将种植或养殖的商品拍照发朋友圈，可以让众多客户看到，产生购买行为。

其四，社交电商可以实现团队化运作。电商往往是单打独斗，缺少互帮互助，从业者往往需要自己摸索。但社交电商不一样，代理创业有团队、有上家传、帮、带，这些都将可以帮助创业者节约大量摸索的时间。

8. 社交电商成为高校专业将是一种常态

国家出台文件认可社交电商后，社交电商会成为高校的招生专业，而且学科发展将很快。此时，懂社交电商的师资人才将供不应求，这就需要校企合作，高校要多和社交电商组织、团队、企业合作，吸纳优秀人才为高校授课，同时成立大学生创业产业园，将理论和实践真正结合，为社交电商行业培养出更多优秀的人才，也为社交电商企业输送更多匹配的人才，促进社交电商的高速、良性发展。

9. 社交电商产业园将遍地开花

社交电商规范化后，地方政府和高校会主动寻求与社交电商企业、组织、团队合作，社交电商产业园将遍地开花，这一点可以参考现在各地的电商产业园。

社交电商产业园的出现利国利民，是件多赢的事。社交电商产业园可以向好的电商产业园学习，必要时可以与它们合作，促进产业园的快速发展，为社会做出贡献。

10. 女性将借助社交电商创业快速崛起

未来会有更多男性进行社交电商创业，但鉴于社交电商创业自身的特点，女性将是社交电商创业的主力军。借助社交电商创业，女性将释放出自身特有的潜能和能量，更多的女性将登上商业舞台，并拥有更大的话语权。

11. 社交电商精英化

一旦国家出台更多文件认可社交电商，大量其他行业的精英，如医生、律师、老师、公务员等，必然会涌入社交电商行业。因为他们的人脉、资源、能力、眼界从某种程度上要胜于宝妈、大学生、普通上班族等人群，彼时社交电商行业的竞争会加剧。当然，精英人才大量进军社交电商，也是社交电商的福音，会促进社交电商的规范和发展，而且也会改变人们对社交电商的旧有看法。

12. 社交电商将促进个体崛起

21 世纪是个体崛起的时代，去中心化是未来的趋势，个体崛起将缩短企业和组织的寿命，大的企业、组织、平台将越来越少，小微企业将成为主流，甚至很多个体本身就是一家企业。

社交电商这种很适合普通人创业的商业模式将让更多普通的个体有机会释放自己的潜能，这些个体的崛起也将促进中国中产阶级群体的壮大，这部分人群将成为未来消费的主流，市场体量非常庞大。

13. S2b2C 中的"S"将成为主战场

随着社交电商的发展，其散发出独特魅力，吸引了传统大品牌、地产公司、科技公司等具有更强实力的玩家入场，以前因为社交网络裂变能力而让"b"成为企业及资本争夺的热点，而随着供应链赋能 b 端重要性的增强，这一打法将转变为以"S"为玩家争夺的中心（见图 2-1）。这要求平台提升供应链能力，通过科技、培训、服务来赋能平台上的商家。

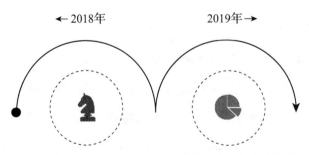

图 2-1

2.4 社交电商新零售：社交电商与新零售的进化

2016年10月，马云和雷军都提出了"新零售"的概念。在2016年杭州云栖大会上，马云说："我认为电子商务没有冲击传统商业，更没有打击传统商业，真正冲击各行各业、冲击就业、冲击传统行业的是昨天的思想，是对未来的无知，对未来的不拥抱。"

同时，马云还提出了一个新零售概念："纯电商时代很快会结束，未来的十年、二十年，没有电子商务这一说法，只有新零售这一概念，也就是说线上线下和物流必须结合在一起，才能诞生真正的新零售，线下的企业必须走到线上去，线上的企业必须走到线下来，线上线下加上现代物流结合在一起，才能真正创造出新的零售。"马云所说的新零售是"线上+线下"这种新型高效的零售模式，眼下新零售已为越来越多的人所接受，成为商界的共识和焦点。

从2016年起，我们就开始研究新零售行业以及其对中国乃至世界商业形态的影响。彼时，社交电商已经崛起、规范，其发展态势不容小觑。然而，虽然社交电商发展得如火如荼，社交化的电商让大量企业及中小创业者借助社交流量自生长、自裂变的属性，实现流量的裂变、倍增，各自挖到了"真金"。但社交电商也有其不足，它更偏向线上，线下方面有着先天的不足，而线下在体验性、信任度、黏性等方面先天强于线上。

鉴于此，一些怀有大格局、前瞻意识和长远眼光的微商、社交电商企业开始重视线下的布局，使线上线下实现融合。此类企业主要分为两类：一类是平台型社交电商、自有品牌型社交电商，这些社交电商企业靠线上起家，先天具有社交属性，但线下布局较弱。这类企业开始实施线下实体店的战略，加强线下布局，拓宽线下渠道，提升客户的体验及零售的效率。还有一类企业是传统品牌型社交电商，线下门店及线下渠道是其优势，但线上及社交玩法是其软肋。这类企业进军社交电商后，开始研究社交玩法，并将其融入企业社交电商部门及项目的运营中。

由此，便诞生了社交电商与新零售融合演变而来的新物种——社交新零售。我们给它的定义是：社交新零售是一种基于社交商业及社会化协作而迅速发展的新型零售模式，是一种集天网（平台）、地网（线下连锁渠道）、人网（社交网络）三网合一的新型商业模式。其本质为：围绕着"人、货、场"三要素，融入社交元素，实现更高效率的零售（消费者），更低成本的运营（经营者）。

社交新零售的出现是多方演变、进化的结果，即新零售的社交化、社交电商的新零售化、传统零售的社交新零售化皆有。

新零售的社交化：蒙牛、小米、娃哈哈、星巴克、屈臣氏、东阿阿胶等新零售企业，在转型新零售的过程中，将社交元素融入企业的发展和运营中，借助社交媒介，裂变自己的客户及社交渠道。

社交电商的新零售化：云集、贝店、蜜芽、拼多多、每日一淘等社交电商平台，以社交起家，并借助分享、分销等模式迅速壮大，以低成本的运营方式发展出庞大的用户群及渠道商。随着新零售的发展，为了实现更高效率的零售，这些企业结合了新零售的优势，升级为社交新零售品牌。移动互联网时代各种社交工具的发展是该类型的社交新零售企业出现的基石，社交是其内核。

传统零售的社交新零售化。传统零售企业在转型过程中，遇到社交新零售，借助社交新零售模式的优势武装自己，布局全渠道，加强线上板块、线下板块、社交板块的布局，它们在获客拉新、开拓新渠道时会融入更多社交元素，并且充分发挥社交网络的优势提高零售效率，降低运营成本，实现业绩的倍增。当下很多中小企业、传统电商商家已意识到社交新零售的潜力和重要性，开始直接采用社交新零售玩法实现转型升级。

随着社交新零售的不断迭代升级，其最终将实现线上线下的无缝衔接，帮助消费者获得更高的购物效率，更好的体验感、即得感；帮助企业用更低的运营成本获得更高的收益。

用公式表示：

社交新零售创业者=消费者+分享者+服务者+创业者+线上、线下、社交渠道

社交新零售围绕客户、分销商两个维度展开，本质上是更低成本地获取流量，更高效率的零售（消费者维度），更低成本的运营（经营者维度），这将成为未来的主流商业模式。未来，社交新零售企业发展的核心方向是提升客户体验感，其购物模式以"线下体验、线上购物"为主。

简言之，新零售即更高效率的零售。

社交新零售即更高效率的零售，更低成本的运营。

2.5 社交电商新零售对企业、商家、个人的价值

对企业、商家、个人而言，社交电商新零售既是机遇也是挑战，但机遇大于挑战。

2.5.1 对企业的商业价值

社交电商新零售模式能帮助企业批量获得私域流量。

对企业来说，通过搭建私域流量池来降低流量获取成本、裂变渠道，无论是当下还是未来，都具有重要的现实意义和战略意义。

1. 降低获客、裂变渠道的成本

借助用户自己的社交网络，企业可以降低获客拉新、裂变流量的成本。此外，企业还可以借助社交电商模式，将用户转化为自己的分销商，进一步降低裂变渠道的成本。

2. 打造私域流量池

对于企业而言，无论是线下商场、门店的流量，还是传统电商平台的流量，都属于公域流量，归属权并不属于企业。而公域流量的使用成本日益攀升，无疑增加了企业的获客成本。

而通过打造社交电商平台，企业可以利用社交玩法，吸引、沉淀私域流量，打造自己的私域流量池，将客户的终身价值最大化。私域流量为企业所有，可以反复使用，边际成本很低。此外，企业还可以借鉴传统商场、传统电商平台的做法，将自己的私域流量租给其他企业、商家使用，获取相应收益。

3. 使客户终身价值最大化

社交电商模式的核心是充分挖掘客户的终身价值，使客户价值最大化，而非一味裂变私域流量。

道理很简单，一来私域流量红利终会消退，二来如果没能服务好已有的私域流量，没能有效挖掘其价值，再多的私域流量都只是停留在数字上，对企业意义不大。

社交电商商业形态的主战场是社交，借助社交，企业与客户、分销商的连接变得更高效、更充分，降低了交易的成本，提高了交易的效率，提升了交易的成功率和持续性，而这些是传统企业和传统电商的痛点。

2.5.2 对商家的商业价值

通过社交电商新零售模式中的一些社交玩法与策略，将公域流量池中的流量转化为自己的私域流量，对商家而言，显然可以降低获客成本，最为关键的是，商家还能充分挖掘私域流量的终身价值。

1. 降低获取流量的成本

无论是线下商家，还是电商平台的商家，都面临着流量获取困难和成本攀升的问题。

而商家入驻社交电商平台，与平台合作，可以借助平台的流量和支持，降低其获取流量的难度和成本。

平台通过与商家合作，也拓宽了其供应链的宽度。

2. 降低推广的成本和难度

在平台红利期，商家可以用远低于传统商业平台的成本和难度来推广拉新，这也为商家的存活和发展赢得了新的跑道。

3. 拓宽渠道

对于很多商家而言，入驻社交电商平台，可以拓宽原有的渠道，对其原有生意不会产生任何负面影响。

2.5.3 对个人的商业价值

对个人来说，社交电商新零售最大的好处是，让个人不再只是个旁观的消费者，还可以参与其中，成为经营者、经销商。这种低风险、低门槛的轻创业机会将让个人获得更多机会。

1. 降低创业风险

传统创业方式风险较大，并不适合每一个创业者。但对于社交电商创业而言，个人加盟平台的门槛很低，创业者借助平台的力量，降低了创业的风险和难度。

2. 拥有更多事业机会

个人从事社交电商有两个主要发展方向：零售、发展团队。做好零售，可以让自己在社交电商路上快速起步、存活下来；发展团队，借助团队的力量，则可以让事业迅速壮大。

此外，个人型社交电商还可以往讲师方向发展，你可以给自己的客户、团队做培训，还可以与平台、社交电商培训机构合作，成为专职讲师。

当你积累了一定的团队和资源后，你甚至可以创建自有品牌，成为品牌创始人。

总之，社交电商将帮助个人获得更多的事业机会。

3. 提升个人技能

个人从事社交电商后，不仅有上家"传、帮、带"，很多社交电商平台还会提供大量专业系统的培训，借此，个人可以获得快速成长。在经过系统的培训和学习后，创业者将学会社交、表达、销售、演讲、领导力等做好社交电商需要具备的技能，而这些技能在移动互联网时代，会让创业者变得更值钱。

2.6 传统微商如何升级社交电商新零售

社交电商、新零售火起来之后，有人开始唱衰传统微商。但根据我们对行业及传统微商品牌、团队的观察和研究，我们认为传统微商并不会就此消失，它会与社交电商、新零售融合，实现迭代、升级，而微商思维将成为移动互联网营销思维、社交营销思维的基础。总体而言，传统微商将朝以下五个方向发展。

1. 平台化

传统微商的不足之处是产品品类单一，因此品牌化和平台化是其升级的一个主流方向。平台化又存在两个方向，一个方向是云集、贝店等商品品类丰富、以标品为主的平台型社交电商，还有一个方向则是细分领域的中等平台型社交电商。

我们认为，像蒙牛、TST等细分领域的中等平台型社交电商更有优势。

具体原因如下：其一，利润空间足够大，便于操作。云集、贝店等平台型社交电商的产品以标品为主，利润空间不大，加上模式限制，因此很难吸引那些有赚钱野心的大团队及传统企业家。而细分领域的中等平台型社交电商产品利润空间大，即使采用合法合规的分销模式，依然具有很大的操作空间，能够吸引那些渴望赚钱、有一定实力的创业者加入。

其二，产品品类适中。中等平台型社交电商与传统微商的不同之处在于，产品品类比较丰富，方便代理销售。代理无须不断寻找客户、服务众多新客户，只需要服务好 1000 个客户，向他们销售该平台的一系列产品（即向 1 个客户销售多款产品），便可以活得很好。而云集、贝店那样的社交电商平台的商品品类太多，代理推广产品时会出现选择困难，而中等平台型社交电商的代理则不存在这种情况。

其三，需要细分领域。中等平台型社交电商要发展好，需要细分领域，而不是求大而全。比如，传统微商可以专注于打造大健康、大美妆、日化等领域的社交电商平台。

这方面蒙牛社交电商是传统微商升级的一个借鉴对象。蒙牛进军社交电商后，计划打造出一个健康管理板块的社交电商平台，目前其平台已陆续推出慢燃（代餐奶昔）、凝纯（水解胶原蛋白）、益 SHOW（双益多饮品）等社交电商产品，后续还将继续推出其他社交电商产品，但平台始终围绕着大健康领域的健康管理板块进行布局。

2. 融合新零售

微商与新零售的融合也是势在必行，一来线上获客成本增加，二来线下客户及代理的黏性远非线上可比。

现在很多传统微商已经开始布局线下商场专柜、实体门店、运营中心，从而建立信任背书，提升客户的服务质量及体验感。

微商新零售消费模式趋向于线下体验、线上购物。

3. 本地化

社交新零售时代，本地化微商将获得大的发展，它是社交新零售的衍生物，是指微商的同城化。微商团队、培训、服务、配送的本地化将让团队更具竞争力。

其实微商本地化并不是什么新鲜事，是有迹可循的。直销企业安利刚开始进军中国时，其发展模式就是以本地化为主，无论是产品配送、代理商招募、客户服务、培训，都是以本地化为主。优秀直销企业的做法值得微商企业借鉴，它们线上、线下的生态圈打造得很好，教育培训方面也很有一套。很多时候，我们不建议伙伴们一味排斥新模式、旧模式，任何一种模式能长期存在，必然有它值得我们学习的地方。好的创业者要心胸宽广、学会包容。

很多微商已经意识到本地化的重要性，开始重点朝这方面发展。我们身边就有一些微商团队和品牌开始致力于本地化发展，并取得了一定的成绩。

4. 从裂变能力的竞争到技术水平的竞争

现有微商企业的竞争核心是"裂变能力"，因此多种模式的组织裂变创新是企业的战略方向，通过跑马圈地占领"b"端人群。

而迭代、升级之后的微商将和社交电商一样，以"技术水平的竞争"为主，平台通过强供应链、提升科技水平来赋能平台上的商家（b），进而建立网络效应，打造企业的竞争壁垒。

5. 从营销效率竞争转变为零售效率竞争

随着微商的发展，通过组建分销商渠道、裂变团队来提升营销效率的发展模式，将转变为通过商品品质、优质服务提升客户体验，以增加销量、促进复购为主的发展模式，本质是由营销效率的竞争转变为零售效率的竞争（见图2-2）。在这样的大环境下，微商将与新零售线上线下无缝融合，演变出新零售微商这一新物种。

图 2-2

一来是因为用户成熟度提升，更加看重品质、服务及购物体验。二来是现有的微商企业以分销模式为主，分销模式在流量裂变方面具有巨大优势，但涉传问题始终是其"达摩克利斯之剑"，企业在健康分销模式的探索方面花费了大量精力。在做过多方尝试及妥协后，平台型社交电商鼻祖云集在此方面做出了不错的示范，由分销模式转型为会员制社交电商，通过加强供应链、商品品质、服务质量来打造一个专为平台 b 端商家服务的团队，平台商家则专注做好客户服务，提升客户购物体验。

云集的转型方向是微商企业未来主要的迭代方向，但不是唯一的方向。微商企业在转型过程中将会摸索出更多健康的盈利模式，但核心方向是，在降低获客成本及运营成本的情况下提升零售效率，给顾客更好的服务及体验。

第二篇

社交电商为个人创业创造了绝佳的机会。那么，个人型社交电商有哪些类型和发展方向呢？社交电商应该如何武装自己，才能快速引流吸粉、实现流量裂变？

个人掘金

Chapter Three

第 3 章
社交电商极速入门路径：
个人创业如何掘金社交电商

社交电商创业给普通创业者带来了难得的机遇。我们身边的很多社交电商从业者，借助社交电商创业，改写了自己的命运。

个人要想做好社交电商，需要做好销售、学会借力团队、分享事业机会、打造专业形象，并服务好客户和团队。

3.1 社交电商时代个人的创富机遇

《富爸爸穷爸爸》的作者罗伯特·清崎在《富爸爸：21世纪的生意》一书中大力推荐网络营销，是因为它具有诸多优势。经比较，我们发现社交电商和网络营销在某些方面很类似，甚至个人做社交电商比做网络营销具有更多的优势：时间自由、创业方式灵活、可复制、个人成长较快……

在社交电商创业中你可以学到很多知识，比如心理学、时间管理、演讲技巧等，这些知识一般在传统教育和学校教育中是学不到的。可以说，社交电商创业更像一所社会商学院，让渴望持续成长的人一边成长，一边积累财富。

以下内容主要为个人创业者在社交电商行业的发展提供参考路径。

3.1.1 个人社交电商的三大类型

目前，个人社交电商主要分为三类。

1. 兼职社交电商

兼职社交电商以大学生、上班族居多。很多大学生想多赚点生活费，社交电商这种创业方式正好能让他们兼顾学业和事业，于是毅然投入社交电商创业中。很多上班族想利用业余时间多赚点钱，或者是不想再看领导脸色，早就有了跳槽的心，遇到了社交电商，正好可以尝试一下兼职创业，创造人生更多的可能性。

个人兼职社交电商刚开始只是把社交电商当作兼职，增加点收入。有些社交电商做得不错，发现可以将社交电商当作一项事业来做，便会考虑全职投入做社交电商。

2. 全职社交电商

全职社交电商是社交电商的主力军，以全职宝妈、家庭主妇、有创业梦想也希望低门槛创业的人群为主。很多宝妈、家庭主妇一开始只是想尝试下，当她们发现社交电商事业的魅力之后，就开始全身心投入做社交电商。

由于这部分人群愿意花更多的时间和精力在社交电商创业上，因此他们做好社交电商的可能性会很大，成功率也很高。现在很多大的社交电商团队都是源于全职社交电商这个群体。

如果你想将社交电商事业做大做强，建议你做全职社交电商，毕竟，一分耕耘一分收获。

3. 混合型社交电商

混合型社交电商以前做过传统行业、传统电商，只是将社交电商当作一个补充渠道。有些是只有线下门店，没有传统电商渠道，正好遇到社交电商，于是开始尝试社交电商渠道；有些是只有传统电商渠道，看好社交电商的优势和趋势，于是开始试水社交电商。其实这种做法无可厚非，无非是基于自身实际情况做出的选择。

随着社交电商的发展，未来会有越来越多的传统品牌和传统电商涉足社交电商领域，混合型社交电商也会越来越多。而且目前很多社交电商品牌也意识到线上渠道的不足，开始布局线下体验店，转型做新零售社交电商。线上线下融合是大势所趋，未来新零售社交电商人群将日益庞大。

3.1.2 社交电商的五种发展方向

个人从事社交电商有以下几种发展方向。

1. 个人型社交电商

新手刚开始做社交电商时要从个人社交电商做起，这也是大部分社交电商的起点。

根据个人条件、经验、资源情况，个人社交电商的发展速度不尽相同，但个人社交电商如果要做好社交电商，需要学习引流、零售、招募代理等知识。

起步阶段是个人社交电商最难熬的时期，很多创业者会因此放弃，但坚持下来的社交电商会获得突破性的成长。

2. 社交电商讲师

很多个人社交电商在做社交电商的过程中机缘巧合之下开始尝试讲课，然后发现自己喜欢讲课，或者有讲师潜质，于是被团队长悉心培养，开始朝讲师的方向发展，逐渐成为社交电商创业导师，其事业轨迹和人生轨迹也因此发生了很大的改变。

3. 社交电商团队长

社交电商新手在社交电商领域摸爬滚打了一段时间后，开始发展团队，这期间需要学会分享，学习招代理、带团队的知识，一旦他的团队人数开始裂变，他的事业将越做越大。

目前，社交电商界好的团队长非常稀缺。

由于每个人做社交电商时自身的条件不一样，因此起步高度和发展速度肯定不一样。当我们还不具备这些条件和资源时，我们唯一能做的就是踏踏实实地积累，也许刚开始的收入只有几百元、几千元，但如果我们能不断坚持，积累到一定量之后，自然会发生质的突破。

4. 社交电商操盘手

社交电商操盘手往往是由具备一定创业经验的社交电商或大团队长发展而来，部分操盘手之前做过社交电商讲师，部分操盘手由品牌方自己担任。

操盘手其实和品牌方很接近，需要懂得运营企业。很多操盘手后期要么成了某品牌的合伙人，要么自创品牌。

和好的团队长一样，目前社交电商界好的操盘手非常稀缺。

5. 社交电商品牌方

个人在社交电商行业积累了足够多的经验和资源后，可能不认同品牌方的价值观和运营理念，或者不甘心只是代理他人的品牌，于是自创品牌。

这和很多传统企业品牌方很相像，他们刚开始只是某品牌的员工或代理商，后期有了经验和资源后，开始自创品牌，自己当老板。

我们身边有很多社交电商品牌方就是这样发展起来的，他们刚开始只是某品牌的代理商，当事业做大之后，开始整合资源自创品牌。很多社交电商品牌方非常有眼界和格局，懂得稳打稳扎，深耕细作。

现在越来越多的社交电商品牌已意识到线下的重要性，开始布局线下体验店，成为新零售社交电商，这样的品牌往往可以走得更远。

3.2 个人如何做好社交电商

个人如何做好社交电商？

3.2.1 做好零售打牢基础

做出零售业绩是做好社交电商事业的基础。作为一名社交电商，我们到底在销售什么？社交电商要销售的东西很多，最重要的是产品。如何做好产品的零售？做好线上线下的动销，线上线下结合才有竞争力。

社交电商的零售空间主要分为线上和线下。得益于移动互联网的快速发展，线上零售目前已成为社交电商团队的首选，但线下零售同样不容小觑。线上灵活、便利、成本低，线下黏性高、效果更佳。

1. 线上零售

线上零售提升了销售的效率，拓宽了社交电商为客户服务的空间。

线上零售渠道主要分为 PC 端、移动端、电话。

（1）PC 端

官方网页、微博、电商平台（淘宝、京东等）等是 PC 端零售的主要阵地，可以展示品牌、团队等信息，进而为客户提供服务。PC 端的零售基础是传统互联网，随着移动互联网的发展，其影响力已经减弱，但仍然占据一席之地。PC 端零售不仅能提升零售内容和质量，还具有建立信任的作用。现在很多客户在购买产品或选择项目时，会先通过网络了解品牌、团队、个人。因此，有条件的社交电商伙伴要重视传统互联网的布局。

（2）移动端

该渠道主要是指通过智能手机上的 App 为客户展示品牌、团队等信息，进而为客户提供服务。移动端零售得益于移动互联网的发展，移动端影响力最大的当属超级 App 微信。

①微信零售。

下面重点说说微信零售。朋友圈、微信群、公众号、小程序是当前社交电商的四大线上阵地。

我们可以通过朋友圈和客户进行沟通、互动，为他们提供知识和服务，也可以通过微信公众号、小程序等为他们提供最新的资讯、最新的产品知识、事业机会等有用的信息。

在微信群方面，一般社交电商团队都有自己的客户群，在群中定期为客户提供最新的专业知识和行业知识。比如我们是卖减肥产品的，则可以定期在微信群中分享减肥知识、健康知识，让客户能感受到我们的价值，进而提升其黏性和复购率。

很多社交电商团队会选择将微信群作为代理商学习培训的首选方式，微信群能让我们即使不见面也可以随时随地进行互动式学习。

②其他 App 零售。

直播、短视频、小红书等 App 近几年很火，吸引了大量流量，有些品牌、个人社交电商会借助这些新的流量渠道吸粉引流。还有部分社交电商品牌会创建自己品牌的 App，将代理及客户转移到其中，一方面是为了方便管理，另一方面是为了使用方便。

(3) 电话服务

电话主要包括固定电话和手机。有了手机之后，固定电话备受冷落，有了微信后，手机打电话、发短信的频次也大为减少，但这并不意味着电话就没用了。很多品牌及团队现在还设有专门的电话客服，负责通过电话、短信来联系及服务客户。

2. 线下零售

随着社交电商竞争的日趋激烈，社交新零售已成为大势所趋，众多社交电商品牌和团队已开始布局实体社交电商。线下服务能提升服务客户、代理的质量，服务效果更佳。

我们认真研究了很多社交电商的布局，总结出目前社交电商线下零售渠道主要分为工作室、体验店和运营中心。

(1) 工作室

在工作室中我们可以为客户进行产品展示，挖掘其痛点，并为其提供一套系统的解决方案。我们还可以为我们的代理商分享事业机会，教他们如何做好产品展示，如何服务好客户，提升复购率和转介绍率。

(2) 体验店

在体验店中我们可以为客户提供优质的有形服务和无形服务，让客户获得良好的体验。现在很多品牌的体验店中会设有自助终端机，方便客户、代理查询信息，自助下单，在这方面银行及某些直销品牌的做法值得我们学习。

那些有创业需求的客户在我们的体验店中获得优质的体验和服务后，会产生希望跟着我们一起做社交电商的想法，这时候我们可以为其详细讲解招商政策，吸引更多人成为我们的代理商。此外，体验店还可以让我们现有的代理商更有安全感和归属感，进而提升他们的黏性和战斗力。

(3) 运营中心

现在很多品牌除了开设全国运营中心，还成立了城市运营中心（主要由高级别代理加盟成立）。运营中心的重心是服务好代理，然后由代理服务客户。有条件的运营中心同样要设有自助终端机。

其实，很多时候，线上线下服务不太容易单独区分，两者融合不可避免。比如，代理在运营中心的自助终端机上查询信息、下单，就接受了线上、线下两种服务。对品牌、团队领袖来说，凡是线上能解决的，就尽量通过线上解决。

3.2.2　销售团队和领导人

社交电商想做大做强就要有团队。

那么，如何吸引伙伴加入你的团队？创业者加入你的团队，不仅仅看你的产品，还看你的团队和领导人。因此，做社交电商除了销售产品，还要学会销售团队和领导人，团队和领导人是相辅相成缺一不可的。学会销售团队和领导人会让你的团队越来越大。

比如，你可以告诉你的小伙伴：最近我加入了一个团队，叫××团队。这个团队非常棒，团队的老大是×××老师，他一直在帮助我们成长，告诉我们如何通过移动互联网创业。你加入我们团队后，可以学到很多知识，也可以像我们一样轻松创业，利用零碎的时间赚些零花钱。如果你愿意，欢迎你加入我们的团队。

以上，便是社交电商要销售的第二件东西，即销售团队和领导人，通过他们，你可以迅速实现团队的复制和裂变。

3.2.3　分享推荐事业机会

做社交电商，除了销售团队和领导人，还需要销售第三件东西，那就是事业机会。

销售产品给客户，赚的只是产品的差价，但是如果你销售事业机会给客户，赢的就是人心。如果你想要扩大和裂变自己的团队，就需要学会销售事业机会。

3.2.4 销售知识提升影响

做社交电商需要学会销售知识。

你的知识很重要，为什么？因为如果你水平太差就没人愿意跟你做事业，而唯一能够让你水平提高的就是你要有足够的知识。知识分为两种：一种是专业知识，一种是赚钱的知识。专业知识是帮助客户解决问题的。当你为客户提供解决方案、帮他解决问题后，你的产品自然也就卖出去了。赚钱的知识是吸引新人加入你的团队、追随你的重要武器。当你知道如何教团队伙伴赚钱后，自然就会有很多新人被你吸引过来并加入你的团队。

3.2.5 服务好客户和团队

不同于传统企业和电商，社交电商服务的对象除了客户，还有团队伙伴，因为两者之间存在差异，所以我们提供的服务也存在一定的区别。

1. 服务客户

社交电商为客户提供服务时以产品为基础，以服务为纽带。

要想让客户购买产品，社交电商要能提供让客户满意的售前、售中、售后服务。售前服务主要包括分析并找到目标人群、与客户沟通互动、建立信任；售中服务主要包括挖掘并提出解决客户痛点的方案；售后服务则包括发货、回访、售后纠纷的处理、情感维系等内容。只有提供优质的售前、售中服务，我们才能促进客户购买我们的产品。如果我们想提升客户的复购率，一是要让客户对我们的产品满意，二是要重点做好售后服务。如果想让客户帮忙转介绍，既要提供让客户满意的产品，又要提供让客户满意的售前、售中、售后服务。

此外，要想做好服务，我们还要意识到随着社会的发展，目前客户的需求已从物质层面转向精神层面，这就要求我们在为客户提供服务的时候要重点挖掘其情感需求等更深层次的需求，能让客户获得更好的情感体验。

2. 服务团队

社交电商除了服务好客户，还要服务好团队伙伴。

对于社交电商来说，团队伙伴这个角色比较特别，既是客户，又是合作伙伴。无论是哪种角色，我们都需要为其提供优质、周到的服务。

团队伙伴对服务的要求比客户多。除了要提供让他们满意的产品和基本服务，还要为他们提供学习培训的机会，让他们能尽快成长起来。在一起打拼事业的过程中，我们还要将做社交电商的经验分享传授给团队伙伴，让他们在社交电商创业路上少走一些弯路，尽快步入正轨。

总之，服务团队伙伴对团队领袖和品牌方提出了更高的要求。

3.2.6 做分享型创业导师

做社交电商最高的境界便是成为一名分享者和创业导师。

现在是分享经济时代。众所周知，很多成功的企业家、政治领袖，甚至宗教领袖，他们实际上都是分享者和创业导师，他们的人生轨迹很相似：从一个单独的个体到成为企业家、投资家、慈善家、创业导师、教育家。社交电商有一个巨大的优势，那就是社交电商天生就是通过分享经济来创业的。社交电商通过在微信群、朋友圈中分享自己的专业知识、创业经验，去影响更多人、吸引更多人一起创业。

移动互联网的传播力、爆发力非常强大，借助移动互联网进行分享，你将会创造不可思议的影响力，迅速打造你的个人品牌，成为有号召力的创业导师，进而实现团队的迅速裂变。你在积累财富的同时，还可以帮助更多人获得成功，成人达己。

3.3 社交电商平台新店主行动指南

平台型社交电商的分销商通常称为店主，由会员转化而来，成为新店主后，需要做好以下事项。

3.3.1 新店主必做的八件事

新店主在加入社交电商平台后需要做好以下八件事，才能在社交电商创业路上快速起步。

1. 明确和熟悉自己的邀约人

多与自己的邀约人交流，多向他取经，并学会借邀约人的力。

新店主加入邀约人的团队，通常分为以下两种情况。

第一种情况，新店主与邀约人是强关系，加入前彼此就已经建立了信任。这种情况下，新店主对邀约人知根知底，交流起来也会很方便。

第二种情况，新店主与邀约人并不是很熟悉，因为朋友推荐，或者看了邀约人的朋友圈，或者是在其他互联网平台上看到邀约人的招募信息，然后加入了其团队。这又分为两类。一类是新店主先成了邀约人的客户，已经认可了其产品和服务，此时觉得加入平台成为具有分销资格的店主可以"自购省钱、分享赚钱"，因此便在邀约人的影响下转为了店主。新店主对邀约人已经有了一定的熟悉度及信赖感，属于中关系，沟通起来也很方便。还有一类就是新店主在寻找赚钱的项目，直接加入到邀约人的团队。双方是弱关系，需要花时间彼此熟悉，并建立信任。

2. 下载并熟悉品牌 App 的操作方法

在你加入团队后，邀约人会将 App 的使用说明发给你，你按照要求进行操作即可。同时，你需要熟悉自己所在平台的背景、模式、优势、对店主的支持政策、是否有系统的商学院培训等。

3. 进入店主群后

此后，邀约人会邀请你进店主群，入群第一时间请将群置顶，并每天关注群内的活动信息、培训信息、产品推广信息。

4. 先自购并体验产品

新店主熟悉购物流程、体验产品和品牌服务等是分享商品给朋友的基础。此外，有了这个基础，后续你再发展店主时，就可以将之前的经验完整地传授给他，帮他快速入门。

5. 关注品牌公众号

绝大部分品牌除了有自己的 App，还会有 1~2 个公众号，定期更新活动信息、培训信息、产品信息等，要及时关注。

6. 参加新人课程培训

针对新人，品牌方通常会有课程培训，你可以提前安排好自己的时间，配合平台、团队的安排，通过学习尽快熟悉社交电商行业的游戏规则。

7. 熟悉售后处理流程

当出现售后问题时，首先应联系平台的售后客服人员，如果问题一天内未能有效解决，再联系自己的邀约人。在处理问题的过程中，要通过适当的话术、耐心的服务、诚恳的态度，维护好自己的客户。

8. 获得《新人成长手册》

成熟的社交电商平台会为新人准备电子版的《新人成长手册》，上述内容基本都包括在手册中。新店主加入后，通常邀约人会主动发放手册。如果邀约人没有及时发放，你要主动联系邀约人。

3.3.2 新店主开单发圈六晒

成为店主后，先在平台上选择一款比较适合你的需求的产品，将整个下单及收货的过程拍照并发布到朋友圈，吸引潜在客户。

1. 首次下单后截图

将下单的截图发布至朋友圈，让朋友圈的好友见证你首次购物的整个过程。

2. 追踪订单流程、发货流程

将你跟踪的物流截图发布至朋友圈，用事实向朋友圈好友展示品牌物流的高效、靠谱。

3. 自拍发圈

收到货后，不拆箱，自拍与商品的合照，重点突出品牌名，然后将照片发至朋友圈。

这次发朋友圈相当于一部"首次开单"的"连续剧"，要保持剧情的连贯性，吸引好友"追剧"。后续你可以继续发布"朋友圈连续剧"，一来可以吸引微信好友的关注，二来通过有吸引力的成交型"朋友圈连续剧"可以转化好友。

4. 拿出产品，拍照发圈

将你与产品的合照发圈，拍照时注意构图技巧，用一些手机自拍神器拍出美照，并借助手机修图软件美化照片。

本书相关章节有市面上最流行的手机自拍神器、手机修图软件的介绍，这里不再赘述。

5. 使用产品时要拍照

将使用产品的过程完整展现在朋友圈中。做事有始有终，"首次开单"的连续剧终于要结束了，后续你还可以将使用产品的感受及效果展示在朋友圈中，方便后期的宣传和获客拉新、裂变团队。

6. 记得拍视频

下单后，我们可以将跟踪物流及体验产品的整个过程拍成视频，方便让潜在客户目睹我们与品牌"亲密接触"的整个过程，赢得其信任。视频有其独特的作用，它可以完整记录我们用心体验产品的整个过程，而照片无法完整呈现整个过程和细节。

拍摄时要重点展示以下两个部分：

其一，产品完整无缺。我们要将产品及标签完整无损的细节详细展示给客户，这也是客户最为关心的内容。

其二，体验产品的过程。将使用产品的过程详细展示给客户，并注意加入生活化的场景，增强真实感。通过细节让你及品牌在客户心中加分。

最后补充一点，上述素材不仅可以用于客户，还可以用于团队伙伴。因为很多大的品牌方和团队长，需要给自己的团队长和合伙人发货，发货时也要注意细节。千万不要认为团队长、团队伙伴都是自己人，所以就不注重服务的细节，其实越是自己人，我们越要注重细节。

3.3.3 新店主常用邀约话术

首先，介绍一下常见的不同人群的痛点：

①宝妈：没有收入来源。

②电商：需要亲自发货。

③微商：商品品类较少。

④兼职者：时间不自由。

我们的邀约话术便是针对上述人群的痛点设计的。

话术一

你好，我最近开了一家网上精品超市，里面有日化、母婴、美妆等产品，产品质优价廉。加入后每年可以帮你节省至少10%～45%的钱，还可以让你赚到钱。你想了解一下吗？

话术二

你好，我的闺蜜向我推荐了一家线上购物超市，经过我认真的考察，我发现这个线上超市产品质量不错，价格实惠，而且里边的产品都是我们日常生活需要的。你要是经常网购，可以先了解一下，每年能帮你节省不少开销呢。

话术三

亲爱的,如果有一个线上购物超市,里面的东西都是你平时用得上的,质量和天猫、京东、线下超市等平台一样,但价格更便宜。你是选择到天猫、京东、线下超市去买,还是在这个平台上花更少的钱买?

话术四

你好,你觉得现在三百多元钱能干什么?如果现在有个机会,你只需要花三百多元钱就能代理这个平台上的所有商品,开始低门槛、零风险的轻创业,还能获得一个大礼包,而且时间自由。你要不要了解一下?

话术五

亲,××平台网上购物超市教你轻松轻创业,只需要不到×××元,你就可以代理平台所有商品,自购省钱,分享赚钱。不管你是大学生,还是宝妈,都可以进来创业,赚多赚少和你的努力有关,而且时间自由。如果你有兴趣,请联系我。

话术六

×××元,买一件衣服就没了;×××元,和朋友吃顿饭就花光了;而我用×××元加盟了一家网上购物超市,里面有多款好物,我不仅可以自购省钱,分享给好友还能赚钱。感兴趣的朋友请联系我。

话术七

投资×××元,用业余的时间在××平台轻创业。

每天赚20元,每年盈利7300元;

每天赚40元,每年盈利14600元;

每天赚50元,每年盈利18250元;

每天赚80元,每年盈利近3万元。

与其每天浪费掉碎片化时间,不如动动手指,用这些零碎的时间赚点钱贴补家用!

3.4 快速建立社交亲和力的九种技巧

亲和力是指我们在他人心中的亲近感。社交时,拥有亲和力更容易拉近我们与客户、团队伙伴之间的距离。

如何建立社交亲和力?

1. 面带微笑

微笑可以瞬间消除人与人之间的陌生感,笑容会让别人马上对我们产生好感。

俗话说:伸手不打笑脸人。当我们面对陌生人时,如果展现出友好的笑容,则会拉近对方和你的距离,尤其是和潜在客户面对面交谈的时候。亲和力的主要来源,就是我们面对别人时的表情,你严肃,对方就会觉得有距离感;你微笑,别人就能看到你的善意。

上面是针对线下见面,那我们在线上和潜在客户、代理沟通时,对方看不到我们的表情,这时候该如何展示自己的微笑?

主要通过表情包和语音。

表情包:微信中有很多表情包,在聊天时我们要"文字+表情"。因为光看文字是很难看出对方的情绪的,而且不同的人对文字的解读方式存在主观差异。这时候如果我们加上微笑、可爱的表情,就会让对方及时了解我们的情绪,避免文字让对方误解。

语音:语音可以表达出我们的情绪,我们可以用有亲和力的语音与对方交流。

2. 学会倾听

在销售过程中,不要急于单方面向对方展示你的产品,而是要学会聆听,让客户先接纳你的角色。用心聆听,能够让人快速接受你,同时你也能通过倾听了解客户的需求和痛点。

（1）区别对待

在聆听客户的心声时，必须要根据对方的身份来区别对待。

面对女性客户，可以多引导对方谈论家庭、孩子、亲情等方面的话题。女性大多属于感性的人群，你要用心去交流。

面对男性客户，要多引导其谈论事业、成就、荣誉等方面的话题。男性偏向于理性，很多人会把重心放在事业上，从这个角度切入能很快进入对方的世界。要知道，每个人都有阶段性的成功，哪怕正处于创业失败的过程中，也不代表其没有可以拿出来品味的辉煌。

（2）听的技巧

看似不会说话的人，如果话匣子打开了，就会沉浸在表达自己的环境中，并且很难停下来。如果聊的内容没有价值，就会浪费大量的时间，时间是有成本的，不能创造价值就是亏损。

听也是有技巧的，那应该如何听？

线上：借助微信进行沟通，我们和潜在客户、代理聊天时，根据对方的性别、职业、家庭等具体情况来耐心和对方沟通。

线下：线下见面时，我们可以随时在背包中带上纸质笔记本和笔。无论和谁进行深度沟通，我们都要学会引导对方说有价值的信息，并且用笔和纸记录下来。如果是和潜在客户或者意向代理聊天则要问他以前有无创业经历。如果是和意向客户则要问对方最想用产品解决什么样的问题，然后拿起笔和纸做关键词的记录。如果对方的回答跑题或者走偏了，我们可以友好地打断，通过"刚刚您讲到的是第二步，因为某个人的一句话影响到了您，那么第三步是什么呢？"这句话进行正确引导，将对方再带回来。因为有了笔记本和笔，对方会感受到你对他的尊重以及他自己所表达内容的重要性。

3. 学会赞美

人都喜欢被赞美，赞美会让我们变得更有自信，感觉更好。要做好社交电商，我们就要学会赞美客户。

赞美时需要注意以下几点：

（1）赞美必须具体

具体明确的赞美会让对方觉得你真诚、懂他。

比如，我们可以对团队伙伴说："你最近很努力，业绩比上个月提升了30%以上，继续努力！"你这样说就比说"你最近很努力，业绩比上个月提升了很多"效果更好。团队伙伴听了之后，会觉得你一直在关注他、关心他，连业绩具体提升的数据都知道，他会很感动，接下来会更努力。

（2）在自己擅长的方面赞美他人

当我们在做某一件事情时，如果能得到该领域权威人士的认可，我们会觉得很开心。

比如，你这个月业绩做得不错，如果业绩同样非常出众的团队领袖夸赞你的业绩，会比团队普通伙伴的赞美更让你兴奋，这就是权威效应。因此，如果你在某个方面很厉害，你就可以对在这方面有潜力的伙伴或客户表示赞赏，他会很开心。

（3）赞美要真诚

过于夸大的话很难让客户相信，甚至还会让客户反感。真诚的话其实更容易赢得别人的好感和对我们的信任，没有人能够拒绝真诚。

比如，你这样夸客户："您是我这辈子见过的气质最好的女士，看到您之后，我感觉我前半辈子都白活了。"这样的夸赞，对方不仅不会相信，还会觉得我们不够真诚。但如果你这样说，效果会更好："您今天穿的裙子搭配这顶绣着花边的女士帽，与您的气质很搭，让您显得更青春年少。"

（4）赞美他人在意的东西

你赞美对方很在乎的东西，会更容易引起对方兴趣，博得其好感。比如，如果对方的皮肤很白，她对此引以为傲，则可以将你的产品与客户的皮肤联系在一起；如果对方的孩子很萌很可爱，则可以夸赞他的孩子。

另外，对于女性来说，身材、皮肤、穿着是普适的赞美内容。

4. 懂得认同

我们都希望获得他人的认同，也更喜欢与认同自己的人交朋友、相处。因此，当客户在向我们阐述某个观点、想法时，我们要给予对方一定的认同和理解。

即使对对方的观点不完全认同，我们也可以委婉地表达出来。比如，客户使用完我们的产品后，觉得效果不满意。当我们弄清楚原来是客户没有完全按照我们的要求使用产品时，不要直接指出客户的不足，可以采用"认同—但是"句型来表达我们的想法。我们可以说："有时候我们的产品确实会出现达不到预期效果的情况，但如果您在使用过程中注意将这款产品和另一款产品搭配着使用，这样就不用担心达不到预期效果了。"

5. 记住重要信息

希望被别人重视是人之常情。如果我们能记住客户的姓名、生日、年龄、家庭情况等基本信息时，客户会认为我们很重视他，因此他必然会对我们好感倍增。

很多社交电商伙伴会觉得客户这么多，如何能记住所有客户的基本资料？这时候我们可以借助各种工具，如手机便签、365日记、有道云笔记等，也可以在微信、通讯录中专门对客户进行备注，把对方的相关资料备注在其中，需要用时调出来即可。

6. 发现共性

我们都喜欢和有相似兴趣爱好、经历的人在一起，这样会有更多的话题。比如，当我们人在异乡时，遇到老乡会觉得特别亲切，彼此会找到关于家乡的很多话题。当到了国外，即使发现同省人甚至中国人都会让我们觉得亲切、有好感。因此，在与客户交往时，我们也要寻找和客户的共性，通过聊双方共同的话题赢得客户对我们的好感。

共性可以从地点、兴趣、经历、痛点这几方面来寻找。那怎么能够找到共同点呢？我们可以浏览潜在客户、代理的朋友圈，来发现对方与我们存在的共同点；也可以通过私聊引导对方说出自己的信息资料，来发现彼此的共同点。这时候需要借助洞察力，洞察力并不是什么神奇的力量，也不是什么天才人士才拥有的能力，而是每个人都有的能力。

我们把洞察力用在待人接物方面，沟通就会变得很简单。比如，你爱自拍，他也爱自拍，你就可以用自拍的角度、环境、光线、工具、软件等一系列的话题拉近与他的距离。再比如，你发现他在朋友圈分享了一张自己做的美食的照片，就可以在下面评论：哇！亲爱的，这是怎么做的？看起来太美味了！瞬间就让对方觉得原来你和他喜欢同样的美食，你们之间的关系会一下子拉近。

这看似和销售毫无关系，但却是销售前最好的铺垫，找到相同点能让我们和顾客瞬间走近。

7. 语音欢迎

很多伙伴都建立了自己的团队，那么在新伙伴加入团队时，通常应该怎么做？可能会在群内和大家一起刷屏：欢迎×××！下次大家可以试一下语音欢迎，比如："哈啰，××，我是×××，非常开心你能够加入我们的大团队，我们的大家庭会因为你的到来而变得更加精彩！"这段语音很快就可以将新来的伙伴带入大家庭的情境中，让他感受到团队的温暖，并且会让他对你印象深刻，觉得你是他在这个团队的依靠。

8. 说"谢谢"有技巧

感谢别人时，说"谢谢你"比简单的"谢谢"效果更好，会让人觉得你是发自内心地感谢对方，觉得他真的帮助到你了，下次他会更愿意提供帮助。

此外，如果在"谢谢"后面加上对方的姓名或常用称呼，效果更佳。

9. 多用"我们""咱们"

与客户、团队伙伴、朋友交往时，要用"我们""咱们"代替"我""你"。一来可以拉近彼此的距离，二来让对方觉得你很亲切，三来让对方更愿意与你交流。

比如，你的客户是个创业者，你可以说："咱们公司的主要业务是什么？"你和客户约好了在你的工作室见面，你为他做产品示范和项目介绍，你可以说："如果您的时间允许，咱们明天上午10点钟在我的工作室见个面吧。"

Chapter Four

第 4 章
社交电商极速武装之路：
创业精进必备的工具包

君子性非异也，善假于物也。对于社交电商从业者而言，借助一些必备的工具包，创业时将如虎添翼，事半功倍。

4.1 办公必备工具——让创业更方便高效

办公工具是创业者的必备武器。

1. 手机

手机对社交电商的重要性毋庸多言。目前市场上手机的系统主要有两种：安卓系统与苹果系统，两大系统各有千秋。安卓系统的稳定性、安全性逊于苹果系统，但软件安装的便利性、软件功能优于苹果系统。安卓手机几乎可以安装任何你想用的 App，而且安卓手机上安装的同一款 App 还具有很多苹果手机不具备的功能。比如，微信公众号可以添加到安卓手机桌面，苹果手机就没有这一人性化功能；安卓手机用户在使用微信群发功能时可以先筛选标签，但苹果手机就缺乏这项功能。

腾讯微信团队最新的大数据显示，目前社交电商伙伴使用最多的手机分别是：苹果、OPPO、vivo。

社交电商选择手机时可参考以下标准：

分辨率高：方便拍出高清图片。

内存空间大：社交电商要经常拍照，内存太小很快就不够用了，并且换手机也很麻烦。

方便自拍：自拍是社交电商经常会用到的功能。

2. 计算机

在移动互联网时代手机越来越重要，但不代表计算机就不重要了。做社交电商除了要有一部好的手机,也得配上一台性能不错的计算机,因为很多工作都需要借助计算机来完成。比如,运营微信公众号时使用计算机操作更方便。很多喜欢写作的社交电商,也离不开计算机,而且,很多软件在 PC 端的功能要多于移动端。

做社交电商如果想提高工作效率,就要学会将手机和计算机配合着使用,好的装备必定会让你事半功倍!

3. 迷你投影仪

要做好社交电商,离不开讲课。线上讲课可以用微信群、直播,线下讲课如果要用 PPT 或播放视频,则需要用到投影仪。大型投影仪不方便随身携带,可以购买一台迷你投影仪。

4. Microsoft Office

Office 是微软公司开发的一套基于 Windows、Mac OS X 操作系统的办公软件套装,常用组件有 Word、Excel、PowerPoint 等。

5. 极速 Office

极速 Office 是一款界面简洁、操作简单的极简办公 Office 软件,它支持极速写作、极速表格、极速演示。

6. 钉钉

由阿里巴巴研发,专为中国企业打造的免费沟通和协同的多端平台,提供 PC 版、Web 版和手机版,支持手机和计算机间文件互传。

7. 企业微信

由腾讯微信团队为企业研发的办公软件。作为一款办公沟通工具,企业微信除了具有类似微信的聊天功能,还集成了公费电话和邮件功能。同时,公告、考勤、请假、报销等功能都可在软件内实现。

4.2 调查问卷工具——让问卷调查更轻松

调查问卷工具可以用来做调查问卷，也可以进行活动报名表的填写。

①问卷星：在线问卷调查，可以进行在线调查满意度调查、市场调查等。

②问卷网：在线网络调查平台，可以进行问卷调查、市场调查、网络调查、表单设计等。

③简道云：免费，用自定义表单做企业管理系统，无须编程，自主设计。

④调研宝：可以进行在线调查、网络调查、市场调查、满意度调查、免费在线问卷调查。

⑤问答箱子：专业易用的在线调研平台，可以进行问卷调查、满意度调研、广告效果调研等。

⑥腾讯问卷：免费好用的问卷调查系统，简单且模板全。

⑦京东调研：也是调研平台，专业度比较高。

4.3 二维码制作器——让引流吸粉更容易

数字化时代，二维码的使用越来越广泛。二维码并非起源于中国，但是它在中国获得了广泛的使用，得到了极大的完善、创新和发展。

常用的二维码制作工具有二维斑马、草料二维码、联图网、鑫码二维码、微微二维码等。

笔者常用的是草料二维码，它可以制作多种样式、多种颜色的二维码。用户借助它可以将图片、网址、链接、文件等信息生成二维码，如图4-1所示。

图 4-1

社交电商可以在个人海报、产品海报上植入二维码，方便营销和引流。

4.4 讲课常用工具——方便社群内部授课

社交电商在运营社群的过程中需要为群成员讲课，这时候使用一些常用的讲课工具很有必要。

1. PPT

社交电商创业者需要为客户、代理做干货、项目等方面的分享，此时需要借助PPT这个工具，对核心知识进行总结归纳，展示给学员，效果更佳。

对专门为社交电商培训的讲师而言，做好PPT是其必备技能之一。在还没有太大名气之前，大家都是讲课水平一样的讲师，如果你的PPT让人眼前一亮，会帮你加分不少。

当然，想要做出好的PPT，可以自己设计，但很多社交电商创业者没有专门接受过PPT制作方面的培训。因此，自己设计漂亮的PPT比较困难，此时可以选择一些比较好的PPT模板，直接套用，既能做出好的PPT，又能节约时间。

①淘宝等电商平台可以买到大量美观的 PPT 模板。

②在线 PPT 平台。这些平台有很多免费的专业 PPT 模板，成为会员即可使用。笔者经常用的是 WPS 平台的 PPT 模板。需要注意的是，WPS 的 Mac 版本和 Windows 版本的 PPT 模板功能不太一样，后者使用起来更方便、功能更多。

2. 微信群

微信群是广大社交电商服务客户、代理的重要载体，也是便于线上讲课的一个好工具。

①优点：使用方便、灵活、互动性强。

②不足：每群仅限 500 人，多群需要借助社群助手工具转播；PPT 只能分页展示，无法整体展示；群里很难控制互相加人。

因此，微信群更适合内部培训。

3. YY 语音

YY 语音是一个直播平台，但偏向于语音直播。

①优点：方便互动；避免互加好友；可以回放全程录音；能完整展示 PPT。

②不足：手机只能听语音；用户需要下载手机 App。

4. 红点

这是一款可以直接在微信上直播的软件，将连接分享给用户后，无须下载 App 也可收听直播。

①优点：避免互加好友；可以全程录音；无须下载软件也可收听。

②不足：不能展示 PPT。

4.5 营销推广工具——提升你的营销效率

易企秀是一款针对移动互联网营销的手机幻灯片、手机网页 DIY 制作工具、H5 场景应用制作工具，将原来只能在 PC 端制作和展示的各类复杂营销方案转移到更为便携和容易展示的手机上。用户随时随地根据自己的需要在 PC 端、手机端进行制作和展示，还可以编辑手机网页，分享到社交网络，通过报名表单收集潜在客户或其他反馈信息。

易企秀适用范围很广：企业宣传、产品介绍、活动促销、预约报名、会议组织、收集反馈、微信增粉等。

4.6 录屏录音工具——让学习工作两不误

要做好社交电商，参加一些培训课程的学习不可或缺。但我们有时候很忙，没有时间及时学习，会错过一些课程，是否可以将这些课程录下来，以供日后复习使用呢？这时候我们可以借助一些录屏工具和录音工具。

1. 录屏工具

录屏工具分为 PC 版和手机版两类。

①PC 版：有屏幕录像专家、KK 录像机、Camtasia studio 等。
②手机版：有拍大师、录屏大师、录屏专家 recscreen 等。

2. 录音工具

录音宝是一款录音工具，适合课程录音用，然后再用录音转文字工具将音频内容转化为文字，便于学习。

这款手机软件界面清爽、音质高清，操作起来简单方便，下载安装后，打开点击录音便可。它具有精准定位、听声识人等功能。

4.7 网络存储工具——倍增你的大脑容量

做社交电商，需要存储学习、产品、代理制度等方面的资料，这时候就需要用到一些网络存储工具。

笔者常用的网络存储工具有百度网盘、有道云笔记或印象笔记。

① 百度网盘：它的初始存储空间为2T，开通超级会员后升级为5T，而且还会开通其他功能，尤其适合存储视频这样的大文件。我们可以将百度网盘的文件链接分享给他人，很方便。

② 有道云笔记或印象笔记：这两款工具都有存储功能，功能方面各有千秋。笔者常用的是有道云笔记，它可以上传文件，但因为存储空间远小于百度网盘，所以适合上传电子书等小文件。

4.8 高效学习工具——让你聪明十倍以上

下面分享一些高效的学习工具，让你的学习效果倍增，让你的成长之路变得越来越轻松。

1. 付费学习，让你节约时间成本

随着移动互联网的发展，涌现出越来越多的付费学习项目。其中有很多付费项目非常好，里面是很多牛人的智慧分享和经验总结，我们只需要花少量的钱就可以得到这些牛人的指点。

但很多人情愿把钱花在吃喝玩乐上，都舍不得把钱投资在学习方面。殊不知，花少量钱学习别人的经验和智慧，可以帮你省去很多摸索的时间，让你少走很多弯路，因为这个世界上最稀缺的就是时间。

2. 微信公众号学习，让你充分利用碎片化时间

借助微信这个平台，大量微信公众号如雨后春笋般出现。在这些微信公众号中，质量参差不齐，但如果你能够用心挑选，也会发现一些高质量的微信公众号。我们可以利用碎片化的时间阅读这些微信公众号的文章，从中接触到时代最新的趋势、最新的知识，从而提升自己的思考质量。

3. 视频学习，既有趣又便宜的学习方式

很多人愿意花很多钱去现场听一些教育培训界名师讲课，我们身边就有不少朋友花了很多钱到处学习、到处拜师。

我们并不反对这些朋友把钱花在学习方面，而且还很欣赏他们学习的劲头，如果条件允许，或许我们也会选择性地参加一些高质量的现场讲座。但我们其实也可以从淘宝、天猫等网购平台上购买这些老师的讲课视频。现在网络很发达，只要花很少的钱就可以买到这样的视频。买这些视频有众多好处：节省了去现场听课往返所花费的大量时间、金钱（相较现场讲座的路费、住宿费、课程费，确实便宜太多了），可以快进听，可以反复听，还可以分享给朋友。

4. 一个让你学习力提升10倍以上的工具

这款工具叫思维导图，又叫心智图，很适合需要发散思维的课程研发者及学习者。

它可以将我们的学习效率提升10倍以上，还可以有效改善我们的思考方式，它可以应用于学习、写作、沟通、演讲、管理、会议等生活和工作的多个方面。

常见的思维导图软件有：

①PC端。FreeMind、百度脑图、WPS脑图、XMind、MindNode、MindMeister、MindManager。

②手机端。iMindmap、MindMaster、MindLine、Mind Vector、MarginNote、

MindNode、Mindly、SimpleMind。

百度脑图可以提供最基本的思维导图模板，用于日常工作学习已经足够了，不足之处是它需要联网。笔者因为工作需要，在无网状态下也要用思维导图，所以又花了几百元在京东上买了正版的 XMind 思维导图软件。当然，如果你使用思维导图不是那么频繁，用百度脑图就足够了。手机端思维导图笔者用的是 iMindmap。

5. 幕布

它最大的特色是，大纲笔记与思维导图可以一键转换，帮助你节约大量时间。笔者平时喜欢用它做学习笔记、课程大纲，还会用它来写书籍目录，出版社编辑通过它便可以审阅目录。幕布有 PC 端和手机端，两者使用都很方便。

6. 及时总结和复习

学习不总结等于白学。我们在学习之后要能够及时总结，以加深对相关知识和内容的理解。

此外，复习也很重要。学而时习之，不亦说乎？复习具有非常重要的意义。人的记忆有一定的规律，过一段时间不复习，之前学习的很多内容便会遗忘。

4.9　高效工作工具——帮你节约一半时间

好的工作工具，可以帮助我们节约大量时间。

1. 番茄工作法

我们学习、工作时最头疼的是注意力分散或被干扰，这无疑大大降低了我们学习、工作的效率。其实，你并不孤独，因为很多牛人大咖其实也遇到过类似的问题，只不过他们想办法解决了。为了提高学习或工作的效率，弗朗西斯科·西里洛于 1992 年创立了番茄工作法。

什么是番茄工作法？简单来说，就是选择一个待完成的任务，将番茄时间设为25分钟（根据自身情况来定），专注工作，中途不允许做任何与该任务无关的事，直到番茄时钟响起，然后在纸上画一个×短暂休息一下（5分钟就行），每4个番茄时段多休息一会儿。

介绍下笔者工作中使用番茄工作法的情况。在具体操作时，笔者刚开始使用的是小闹钟（比手机定时方便实用），根据自身情况将每个番茄钟定为30分钟，每当铃声响起时便关掉闹钟，休息5分钟，这期间可以冲杯咖啡，也可以上趟厕所。有时候笔者需要写作或研发课件，便连着使用两个番茄钟，然后再休息5~10分钟。后面发现PC端有更好的番茄工作法软件，便开始使用PC端软件，使用也很方便。

2. 随时随地记录，让你的灵感、思想有迹可循

我们平时会有很多灵感、思想不时地蹦出来，如果没有及时记录下来，这些好的点子、好的思想很可能像流星一样一闪而过。那如何记录下这些珍贵的灵感、思想？笔者会随身携带一个袖珍型纸质笔记本和一支笔，有好的想法、好的思想随时会记录下来，以备后期整理使用。

当然，笔者现在更喜欢用智能手机中的便签，当自己脑中闪现出一些灵感时，会及时记录在便签中，便签会随时将这些宝贵的内容保存下来。你可以手动输入这些信息，也可以用语音输入法输入这些信息。语音输入法首推讯飞，它的识别率相当高，在目前的语音输入软件中好评率最高。智能手机的便签可以备份，当你换新手机时它可以出现在你新的手机中，为我们提供了极大的便利。

3. 记笔记、录音两不误的实用工具

社交电商创业者学习的时候需要做大量笔记，此时要用上有道云笔记这款软件，它可以做笔记、录音，很实用。

此外，有道云笔记不仅可以用文字来记录重要知识，还可以让你在记笔记的同时进行录音，并可将相关资料同步到云端，让你在手机端和电脑端都可以看到自己记录的笔记。无论你是听现场讲座还是在线讲座，都可以边录

音边记录，等讲座结束时你的录音、文字笔记已经完成，方便随时复习和调用。

有道云笔记还有上传文件及文件夹、新建文件及文件夹的功能，而且可以随时通过关键词进行搜索。当你写作或需要调用某文件时，输入关键词就可以很快找到它，非常方便。

4. 事务管理工具——奇妙清单

奇妙清单可以帮你分析每天做了哪些事，哪些事情很重要，哪些只是耗费时间的琐事而已。它使用起来很方便，而且可以随时随地记录，还能提醒重要任务，可与 PC 端同步。

第三篇

社交电商如何激活社交圈好友,打造不销而销的成交型社交圈,进而实现快速变现和业绩倍增?

业绩倍增

Chapter
Five

第 5 章
社交电商业绩倍增路径：
如何打造价值百万的社交圈

▼

对社交电商从业者而言，打造极具魅力的社交圈社交形象、掌握社交圈营销的打法，打造不销而销的成交型社交圈，是其实现快速变现和业绩倍增的重中之重。

5.1 打造品牌社交形象必备的工具包

借助一些社交工具打造社交形象,将帮助我们赢得更多事业机会。

5.1.1 网络社交工具——让社交吸粉更便捷

社交网络的高速发展让网络社交更便捷,让社交吸粉也更容易。

1. 微信生态

(1)微信

社交电商起源于微信,微信几乎成了社交电商的必备工具。微信目前分企业微信和个人微信。

企业微信适合企业和团队,阿里巴巴的钉钉是其有力竞争对手。

个人微信分为PC端和移动端两种。社交电商常用的是移动端,就是在手机登录的版本,但PC端的微信使用更方便,也不容忽略。

PC端微信目前有网页版和客户端,两者功能一样,前者无须安装,直接在线使用,后者需要安装使用。

(2)微信多开

很多社交电商会有多个微信号,为了方便多个微信号的使用,微信多开软件应运而生。因为不是微信团队研发的,微信多开软件虽然解决了微信多号登录及一个微信号最多5000好友的难题,但也存在性能不稳定的问题,而且近期腾讯已经开始严查多开软件,经常会出现使用多开软件微信号被封的现象，因此建议社交电商慎用。

2. QQ

QQ 是腾讯公司旗下的网络社交工具，具备在线聊天、视频通话、点对点断点续传文件、共享文件、网络硬盘、自定义面板、QQ 邮箱等多种功能，并可与多种通讯终端相连，有 PC 端和移动端两种。与微信相比，其性能更成熟、稳定。

3. 微博

微博是一种通过关注机制分享简短实时信息的广播式的互联网社交平台。主流的微博平台包括新浪微博、腾讯微博，但前者已经占据了互联网用户的心智，影响力远超于后者。

社交电商企业可以通过企业官方微博发布企业活动、新品发布会等重要信息。

4. 知乎

知乎是网络问答社区，连接各行各业的用户。

在网友心中，知乎具有一定的权威性，平台的口碑要高于一般社交平台，因此，现在很多社交电商创业者及企业开始在知乎发布文章引流或扩大影响力。

5. 豆瓣

社区网站豆瓣网起家于书影音，提供与书籍、电影、音乐等相关的信息。

现在很多人评估一本书、一部电影质量如何，会先在豆瓣上看相关评分。

6. 抖音

你可以在该平台欣赏丰富多彩的视频节目，还可以将自己的才华、日常生活用短视频的形式展示出来，并上传到该平台，通过移动互联网传播。

该短视频平台属于今日头条系，目标受众本来是以年轻人为主，但现在已经变为全民刷抖音了。5G 时代，抖音类短视频平台会迎来爆发。

7. 小红书

在小红书平台，用户可以通过文字、图片、视频等形式分享自己的日常生活、工作的感悟。小红书最开始通过引进明星入驻平台，迅速获得了大量关注和人气。

5.1.2　自制海报工具——让海报制作更简单

想做高端大气的社交电商，就要会制作高端上档次的个人海报和产品海报。好的个人海报可以帮助你打造个人魅力和个人品牌，好的产品海报则可以将你的产品优势放大，让它的价值凸显，提升它的关注度和吸引力。

（1）海报工厂

海报工厂是一款专门用于图片设计、美化、拼接和制作的软件，其含有杂志封面、电影海报、美食菜单、旅行日志等海报元素。

（2）天天向商

天天向商操作简易，集水印、海报模板、长图模板、社区于一身，新手用它可以很快做出精美的图片，方便传播。它支持图片同步分享到微信好友、朋友圈、QQ、微博等平台。

（3）微商水印相机

微商水印相机可以为图片、视频批量添加水印，还有大量海报模板可以使用，用户可以迅速做出适合自己的宣传海报。

微商水印相机、天天向商是专门为社交电商人群研发的，里面有很多非常适合社交电商的海报模板，制作方便，很适合个人社交电商制作简单的海报。

（4）Canva

用户在该在线平台上通过简单的拖拽操作即可设计出海报、Banner等适合多种场景的图片。

（5）Fotor

Fotor 包括 Fotor 网页版、Fotor iPhone 版、Fotor 安卓版、Fotor 桌面版等，是一款多平台图片编辑和平面设计、在线印刷工具。

5.1.3 图片美化工具——朋友圈瞬间高大上

图片美化工具现在几乎成了爱拍照发朋友圈人士的标配。

（1）Piczoo

这款软件风格有点小清新，可以拼图修图、加素材。

（2）Photo Grid

很多社交电商觉得朋友圈只能发九张图太局限了，有那么多美照要发布怎么办？可以使用该款软件进行照片的拼接。

此外，Photo Grid 还很有趣，可以制作大头贴、斗图等各种搞怪贴纸。

（3）分图

这款软件在抖音上很火，是款"网红"软件。其功能与 Photo Grid 类似，可以大量拼图，但它很有调性，尤其适合年轻人。

（4）Spring

安卓系统和 iOS 系统均可以安装 Spring。这款修图软件的优势是，能让你变高变瘦，腿变长，尤其适合为如何帮女朋友拍出美照而头疼的男性朋友。

（5）Snapseed

安卓系统和 iOS 系统均可以安装 Snapseed，这是一款手机后期处理软件，它具有亮度、对比度、饱和度、阴影、高光等基础调节功能。

这款软件可以轻松美化照片，并分享到朋友圈。

（6）留白

我们经常在朋友圈看到微信好友转发他人的日签图片。其实，我们完全可以不用转发日签，可以自己来设计专属的日签图片，这样能提升我们的原创度及品位。留白 App 此时可以派上用场了。

(7) 美图神器：天天 P 图

天天 P 图备受女性朋友青睐，使用时可以边拍边处理，方便快捷，可以节省创业者很多时间，而且拍摄效果也很理想。

(8) 图片处理神器：美图秀秀

美图秀秀算是图片处理领域的元老级软件，有 PC 端和手机端两类。其功能很多，一键九宫格切图是它的特色功能，但推荐使用 PC 端的美图秀秀软件做九宫格切图。

(9) 图片合成器

安卓系统和 iOS 系统均可以安装这款软件，能让你在朋友圈发布一些有格调的配图。

它有多种有趣的拼图玩法，诸多类型中，总有适合你的。

上述几款修图软件可以单独使用，也可以组合使用。其中，Snapseed 这款软件基本可以满足绝大部分人的修图需求。

5.1.4　手机自拍神器——拍出社交圈美人照

如今，手机本身简单的拍照功能已经不能满足自拍者的需求，因此出现了很多可下载的手机自拍软件。这些自拍软件大多具有一键美白、全自动磨皮、降噪、瘦脸和美化眼睛等功能。除了手机之外，经济宽裕的伙伴们还可以购买专业的单反相机或某些付费自拍神器软件。本部分重点介绍一些自拍神器。

1. 手机自拍镜头

手机自拍镜头适合安装在任何智能手机上，很方便我们携带。当我们外出需要自拍时，我们可以把手机自拍镜头安装到手机上面，拍出更专业、更有质感、更清晰的美照。

2. 自拍杆

社交电商喜欢自拍，所以自拍杆也是社交电商创业者必备的神器，有了它我们就可以随时随地拍出美美的照片，再也不用担心自己的手臂不够长了。自拍杆可以从更远更广的角度来拍摄景色和人物，让拍摄变轻松。

3. 滤镜神器：相机 360

该款软件具有精彩滤镜、拍照、编辑、分享、云相册等功能，深受众多社交电商创业者的喜欢。

它的特效滤镜功能非常丰富，其中甜美可人和清晰丽人色调很适合社交电商。同时，它具有六大拍摄模式，可以拍出有大师范儿的美照。

4. 电影主角：潮自拍

潮自拍最大的卖点是庞大的滤镜库和简单粗暴的美颜模式，它可以拍出具有电影质感的照片，提升产品和个人照的质感。社交电商创业者可以用它拍出自己和产品的合照，将美照发布到朋友圈，用"颜值"征服微信好友。

5. 卖萌搞笑：Faceu 激萌

Faceu 激萌自带美颜功能，其最大的特色是可以拍出多种卖萌搞笑的照片，并在脸上贴上动态贴纸和道具，增强娱乐效果。社交电商创业者借助 Faceu 激萌，可以让自己变得更亲切、更年轻、更时尚、更生活化。

6. 千变万化：画中画相机

你经常看到人在瓶子里的有趣、新颖的照片，这就是画中画相机的功劳。社交电商可以将产品放在不同的背景中拍出不一样的效果，还可以用它拍出极具特色的自己，吸引客户、代理的目光。

5.1.5 传播吸粉工具——让你粉丝源源不断

微电台、知识分享付费平台可以帮助你传播影响力、引流吸粉，可谓好处多多。社交电商通过微电台、知识分享平台可以为粉丝、客户、代理分享干货，可以积累粉丝，也可以提升转化率。

1. 常见微电台

目前，常见的微电台有喜马拉雅、荔枝 FM、蜻蜓 FM 等，喜马拉雅、荔枝 FM 这两个平台笔者都在用。

（1）喜马拉雅

喜马拉雅是国内领先的音频巨头，该平台大咖主播云集，樊登、乐嘉、蔡康永、高晓松、易中天、余秋雨等名人都在上面做过节目。目前已推出会员服务，但其中免费的节目足够大部分听众收听。

喜马拉雅具有录制节目的功能，主播在其平台可以直接在线录音，并选择背景音乐；也可以将事先录制好的音频直接上传。但它对录制设备要求较高，且现在对内容的审核较严。

（2）荔枝 FM

这款软件在录制音频节目方面的功能与喜马拉雅类似，比较适合草根主播。

（3）蜻蜓 FM

蜻蜓 FM 是国内首家网络音频应用，同样可以录制音频。

（4）企鹅 FM

该音频平台是腾讯旗下的，同样具有录制音频节目、做主播的功能，其最大的优势是拥有腾讯这个大平台及 QQ、QQ 空间、微信等推广渠道。

2. 知识分享付费平台

常见的知识分享付费平台有荔枝微课、千聊。

（1）荔枝微课

荔枝微课是一个专注大众知识分享的平台。在荔枝微课，你可以听课学习，还可以分享收费课程赚钱；讲师则可以通过分享知识赚钱、吸粉。

平台课程内容丰富，支持零门槛开课，支持微信公众号、手机端和电脑端多种方式听课开课，拥有语音、图片、PPT、视频、音频等多种讲课模式。

（2）千聊

千聊是一个与荔枝微课类似的知识分享平台。该平台具有分销功能，用户可以听课学习，也可以将课程分享给好友，获得平台奖励。

在上述两个平台中，可以通过录制音频节目、课程进行引流，具体引流方法需要根据平台规则来定。

5.1.6 视频拍摄工具——轻松拍出电影大片

近几年短视频很火。社交电商是喜欢拥抱新事物的人群，自然也需要跟上最新形势。和图文信息相比，短视频的视觉冲击力、娱乐效果更强。不足之处是朋友圈视频有时长限制，这就为广大想通过短视频表达更多内容的社交电商提出了较高的要求。

目前除了微信软件自身可以拍摄短视频，市面上常用的视频拍摄、编辑软件有很多，这些视频软件各有千秋，建议大家弄透其中一种，并能够熟练运用，拍出高质感、高质量的视频。

（1）小影

可录制10秒短视频，同时提供拍摄、编辑更长原创视频内容的服务，小影内置多种拍摄镜头、多段视频剪辑、创意画中画，有专业电影滤镜、字幕配音、自定义配乐等功能。

（2）快影

快影是快手旗下一款简单易用的视频拍摄、剪辑和制作工具，有iOS、Android版本，特别适合30秒以上的长视频制作。快影具备视频剪辑功能，有丰富的音乐库、音效库和新式封面可以使用，在手机上就能轻松完成视频编辑和视频创意，制作出趣味视频。

（3）极拍

极拍是一款专业、精致的拍视频和拍照的手机软件，可提供蓝幕、定格动画、魔法色彩以及手动模式等丰富的摄像模式，它带有丰富的滤镜效果，可拍出具有电影质感的视频。

（4）VUE视频相机

VUE是iOS和Android平台上的一款Vlog社区与编辑工具，允许用户通过简单的操作实现Vlog的拍摄、剪辑、细调和发布，记录与分享生活。用户还可以在社区直接浏览他人发布的Vlog，并进行互动。

5.1.7 视频编辑工具——让你秒变明星达人

在5G时代，短视频将迎来爆发，拥有优质性能的视频编辑工具将让你在打造社交形象时如虎添翼。

（1）乐秀视频编辑器

该款软件具备视频剪辑、视频制作、视频美化等功能，专注于小影片、短视频的拍摄、编辑，支持高清视频剪辑和导出。

（2）字说

抖音上很多视频，只有声音和多种变换的字幕，这些视频其实是通过字说App将音频转换为有字幕的视频，然后上传的。

通过字说，你在手机上即可制作出文字动画视频。

（3）抖音视频去水印工具

制作视频时难免需要"搬运"他人的视频。比如，我们想与某个男神、女神合拍，需要下载对方的视频，但这个时候水印成了阻碍，怎么去除呢？可以使用"人人都是自媒体"软件。

（4）尖叫字体生成工具

抖音上很多火爆的短视频，并不是录制的，而是由文字图片配上某种背景音乐生成的，用户借助的是"尖叫字体生成器"这款软件。

（5）对话生成软件

"迷说"这款软件可以将小说类的文字用微信对话的形式展现，更符合现代年轻人的审美习惯。

(6) 快剪辑

这款剪辑软件操作简易，不含水印，没有开头结尾，其具备的一些基础功能用于常规短视频的剪辑绰绰有余。

(7) 格式工厂

在剪辑视频时经常会遇到格式问题，"格式工厂"这款软件便可以帮大家解决这类难题。

(8) 数据分析工具

如果想了解哪些视频、话题是当下各短视频平台的热门，则可以通过"西瓜指数"来进行分析，然后在制作视频时可以借鉴，提升视频"火"的概率。

5.1.8 时间管理工具——提高时间使用效率

你可能会发现做了社交电商后变得忙忙碌碌的，但忙完一天、一周、一个月之后，开始回顾这段时间做了哪些事情时，往往会发现其实也没做太多事情，时间就这样流逝掉了。

当我们发现自己的时间利用率不高时，其中一个重要原因是，我们对时间不够敏感，感知度较弱。这时候，我们需要借助时间管理软件，帮助我们更好地管理时间，提高时间使用效率。

(1) Clear

这款时间管理 App 拥有不同的主题功能，使用简易：手指轻轻一扫，便可删除事件；直接打字，便可以增加事件。

(2) 日历软件

笔者常用的日历软件是 365 日历，有手机版和 PC 版，功能丰富，使用方便。

365 日历还可以帮我们备注重要事件，并在设置的时间点及时提醒我们。

（3） a Timelogger

这款软件可以详细记录你平时工作、学习、吃饭、运动所花的时间，让你及时洞察你的时间都去哪儿了，增强你对时间的敏感性，并对时间做出相应的规划和调整。

5.2 如何维护好社交圈好友

如何维护社交圈好友是门技术活，笔者将社交圈好友分为以下三类进行服务。

A 类社交圈好友：最重要的社交圈好友；

B 类社交圈好友：比较重要的社交圈好友；

C 类社交圈好友：一般的社交圈好友。

5.2.1 社交圈好友的分类标准

社交圈好友的分类标准主要参考以下要素。

（1）社交圈好友的资金实力，也就是他的购买能力。

（2）社交圈好友的朋友圈活跃程度。他是经常晒自己的生活、工作、学习等动态，还是经常发一些链接。如果他的朋友圈很活跃，就说明这个人很喜欢分享，如果能成为你的客户，或许他能帮你做宣传。

（3）社交圈好友对你产品的认可度，也就是其使用产品的满意度。

（4）社交圈好友对你的认可度。其对产品认可度高，对你本人不够认可，也是不行的。

（5）对社交圈好友的基本资料进行评估。我们从朋友圈可以看出他的职业、他在哪里上班等信息。通过各种信息可以评估出他的影响力等，这一点也非常重要。

上述每项总分为2分，分别进行打分，分类评判标准：7~10分归为A类社交圈好友；3~6分为B类社交圈好友；0~2分为C类社交圈好友。此外，只要是刚刚成交的客户，不管他的得分是否为7~10分，都要把他列为A类社交圈好友。

5.2.2 社交圈好友的维护标准

不同的社交圈好友，其维护标准不同。

1. A类社交圈好友的维护

①分组、标注星标、特别关注。

②备注姓名、联系方式、生日等基本资料。

③每周评论朋友圈2~4次（注意不是点赞）。

④每周至少私信一次。

⑤一对一发送节假日活动通知。所谓一对一发送，就是你的信息中要有对方的称呼，这是对客户的尊重。

为什么要评论而不是点赞？首先，我们可以通过认真观察他的朋友圈，知道他是什么样的人，他有什么样的性格，以及他有什么样的爱好和什么样的资源等，用心评论会让他更容易记住你。其次，我们用心评论，他也会认真回复我们的评论，从而和我们产生互动。通过互动我们与客户之间的感情会加深，我们可以借此去跟客户发起私聊，从而建立更高层次的信任，也可以为客户下次继续购买作好情感铺垫。

同时注意，我们和客户的每一次聊天都要有目的性：

①通过聊天我们要了解客户的更多信息，如客户的生日、家庭情况、生活情况、工作情况等信息。

②为向客户推荐其他产品做好前期的铺垫，也可以去发掘客户需求，引导客户的消费习惯等。

③在私信聊天过程中，如果客户对我们的产品非常满意和认可，那么我

们可以请客户帮我们进行转介绍和在朋友圈进行宣传推广等。

2. B 类社交圈好友的维护

①分组、标注星标。

②每周要去评论他的朋友圈 1～2 次。

③每两周至少私信一次。

④一对一发送节假日活动通知。

3. C 类社交圈好友的维护

①每两周评论他的朋友圈 1～2 次。

②每个月至少私信一次。

③节假日活动通知可以群发。

④关系一旦升级，及时将其归类为 B 类或 A 类进行维护。

不同客户的维护，其主要项目是一样的，都是评论、私聊、活动通知，但频率、消耗的时间不一样。这里再着重强调一下，进行 A、B、C 类客户分类时，不要以客户的经济实力进行分类。因为有些客户虽然自己的购买能力有限，购买的产品少，但是他的朋友圈质量高，朋友数量多，他喜欢分享，乐意晒自己的生活状态，他是他朋友圈里面的小明星，受关注度高，他可以成为我们在他朋友圈里的代言人。我们可以单独跟他好好沟通，让他在朋友圈里晒我们的产品，分享我们的产品，分享他的使用体验，这样会达到意想不到的宣传效果。

5.3 如何打造不销而销的成交型社交圈

打造成交型社交圈，需要进行社交圈的谋篇布局，同时还要写好社交圈销售型文案。下面分享一些技巧，帮助你轻松打造出能倍增业绩的社交圈。

5.3.1 导演成交型"社交圈连续剧"的五个关键词

销售型社交圈发布的内容、晒产品的技巧，其实共同组成了一个"社交圈连续剧"，我们也可称为过程式营销。我们在朋友圈导演了一部精彩绝伦的"社交圈连续剧"，让好友不知不觉进入你的剧情之中，爱上你这个主角，爱上你分享的故事，被你分享的内容所吸引，并爱上故事中的产品。

要导演好这部"社交圈连续剧"，需要领会以下五个关键点。

关键词一：提前预告

在导演一部连续剧之前，会确定连续剧的主题、剧本，做好连续剧的规划，并进行宣传造势。导演"社交圈连续剧"也是如此，需要我们提前预告。

进行提前预告，一来是为了公告大家；二来是为了预热造势；三来是为了做好公众承诺，通过提前告知微信好友自己的月目标、季度目标、年度目标，让广大好友监督我们，给我们施压，让我们每天发圈、做事更有动力、更具目标感。

关键词二：实时传播

有了"剧本"和规划之后，你的"社交圈连续剧"便开始按照之前的规划定期发布，向微信好友实时传播"社交圈连续剧"的内容。

社交电商的社交圈除了生活化的内容，还要展示与客户、代理、产品之间的故事。比如，销售护肤品的社交电商可以开展一次美丽见证；销售瘦身产品的创业者可以连续展示线上 21 天减肥特训营、线下三天两夜减肥特训营的活动。你通过动态过程向好友展示故事的走向，通过适当的技巧，让大家对你的故事情节和结局产生好奇和期待，提升"社交圈连续剧"的"收视率"和转化率。

关键词三：总结复盘

我们要定期对已经做过的工作进行回顾、分析，并将之提升至理论高度，肯定已取得的成绩，指出应汲取的教训，以便今后做得更好。

"社交圈连续剧"播放结束后,也需要进行总结、复盘,便于提升后期工作质量。总结、复盘可以结合晒进步、晒感恩等内容展开。

在复盘时,我们需要重点思考以下四个问题:

①我们导演本次成交型"社交圈连续剧"的目的是什么?
②"连续剧"结束后是否达到了目的?
③整个活动过程中有哪些亮点?
④活动过程中有哪些需要改进、提升的地方?

如何知道本次活动过程中到底哪些方面存在问题?可以用以下"参与者反馈—自省—专家诊断"的方式找出活动过程中存在的问题。

(1) 参与者反馈

建议每次活动结束后我们都要重视参与者的反馈和建议,因为参与者对活动的感受最直观,也最能说明问题。

反馈表可以用金数据(一款在线表单设计和数据收集工具)制作,将链接发布到社交圈即可。反馈表可以设定以下几个问题:对本次活动您有哪些不满意的地方?有哪些地方您觉得很不错?您对我们的活动有哪些建议?

(2) 自省

自省对我们的成长和提升帮助很大,我们也可以将自省用于活动的复盘中。

我们将自己置于一个旁观者的位置,认真在心中审视本次活动的过程,这将帮助我们找到活动中可能被我们忽视的细节。

(3) 专家诊断

听取别人的经验对我们节约时间和精力大有裨益。很多时候,高人和专家的一点指点就能让我们少走很多弯路。

我们可以找一些对导演成交型"社交圈连续剧"很有经验和心得的专家、前辈进行咨询,向他们请教活动过程中需要注意哪些方面和细节。这样可以有效避免犯一些低级错误,或发现一些不通过实践很难发现的问题。

关键词四：坚持更新

做社交电商，三天打鱼两天晒网显然很难成功。社交电商每天要坚持更新自己的社交圈，即使没什么内容可发，至少得发条生活感悟。

别以为你的社交圈不重要，其实很多好友都在观察你、关注你，你的坚持才能不断转化他人。

笔者现在每天都会更新至少一条社交圈信息（如图5-1），而且会经常分享感悟，一来是为好友提供价值，二来是为了告诉别人自己一切安好，三来可以打造个人品牌。

图5-1

关键词五：不断循环

将上述做法重复、循环地做下去，坚持一段时间，你便能取得很好的效果，你的社交圈关注度会越来越高，品牌知名度和影响力也会日渐提升，这就是坚持的力量，也是积累的好处。

作为一名合格的社交电商创业者,你需要每天花些心思去"打扮"你的社交圈。如果客户进入你的社交圈,觉得像翻看杂志一样感到赏心悦目,则说明你的社交圈设计得很成功。

5.3.2 销售型文案的写作策略与结构

要导演好"社交圈连续剧",离不开好的社交圈文案。

查尔斯说过,文案写手就是坐在键盘后面的销售员。

同理,社交圈文案写手,就是社交圈背后的销售员。

要想写出可以赚钱的社交圈销售型文案,需要掌握一定的写作策略和结构。

1. 标题

标题是销售型文案的核心部分,好的文案标题是从产品卖点中提炼出来的一个吸引人的点,它可以融入吸睛元素、吸引用户的利益元素、问题解决文案等内容。总的原则就是,将用户最想要的结果表达出来。

销售型文案的标题写法主要有以下类型:利益诱惑、情感冲击、差异对比、蹭热点、趣味横生、借力名(牛)人等。

2. 需求确认

需求确认,是让用户再次确认自己的需求,通过潜意识引导来让他进入用户的角色,通过加强对他的引导,解除其对成交的抗拒,为后期成交做准备,同时也吸引用户继续读完文案。

一般的需求确认以问句形式展开。

3. 客户见证

客户见证是强化销售型文案效果的重要一环。借助他人之口,来证明产品的效果、质量、口碑,比起"王婆卖瓜,自卖自夸"效果更佳。同时,客户见证还可以引起用户的共鸣。因为很多用户会遇到类似的问题,当用户发现其他用户也遇到了类似的问题,会让他产生共鸣,减轻对产品的抗拒,加强对企业和产品的信任。

客户见证的一般结构：

①谁，在何时何地？

②遇到了哪些问题？

③使用产品前对产品的抗拒。

④使用产品之后取得的效果。

⑤产品让用户获得了哪些改变。

客户见证的案例如表5-1所示。

表5-1 客户见证的案例

要素	内容
谁	韩梅梅
何时何地	生活、工作中
遇到了哪些问题	肥胖，让她不自信，很多好看的衣服穿不了，找不到满意的男朋友
使用产品前对产品的抗拒	觉得减肥产品不安全，效果差，夸大效果
使用产品之后取得的效果	按照疗程使用，2个月减掉了15斤，而且没什么明显的副作用
产品让用户获得了哪些改变	韩梅梅的身材变好了，很多漂亮的衣服都可以穿了，人变漂亮了，回头率提升了

4. 产品卖点

你的产品具有哪些吸引用户的卖点？这些卖点可以给用户带来哪些结果？产品卖点是你的文案能否吸引用户读下去的重要一环，也是促进用户购买的关键。

如何梳理产品卖点给用户可能带来的结果？

①列出产品所具有的功能、作用、价值。

②梳理产品的每个功能给用户带来的结果。

③将产品的功能与相应的结果结合，用完整的文案呈现给用户看。

5. 价格处理

通过对产品价格进行处理，让用户觉得花钱购买产品物超所值。这也是成交的重要环节。

产品的价格与其实际成本并无直接关系，比如很多生产成本较低的产品（如咖啡、香水、护肤品）却可以卖出高价，为什么？这是因为很多时候用户购买产品，除了注重产品的功效，往往还注意产品带给他的感觉。因此，如果你想让你的产品卖出高价，就需要塑造产品的价值，让用户觉得你的产品能给他带来众多好处，值这个价。

比如我们正在写作的这本书，定价几十元，有读者会觉得贵。但当你知道，为了写书，我们花费了数月时间，耗费了很多心血，而读者看完本书，将书上的方法用到自己的创业和企业运营中，会少走很多弯路，你还会觉得这本书贵吗？此时，即使本书标价199元，你也会觉得物超所值。

要让用户觉得产品值这个价，促使他尽快做出购买决定。

6. 购买指令

接下来就是引导用户购买，并告诉用户如何购买到产品。比如放上下单链接，或提示在哪些平台可以购买。

购买指令要直接、明了，让用户看完就懂，加快其购买的速度。

以本书的朋友圈销售文案为例："本书在京东、当当各大电商平台均有售，点击我朋友圈发布的链接购买即可。现在出版社与电商平台联合搞促销，下单有惊喜哦。"

笔者上面写的就是针对朋友圈好友的购买指令，旨在促进他们尽快点击朋友圈链接购买本书。

7. 刺激欲望

再次向用户强调，他购买产品后将获得哪些价值和结果，这些价值和结果会让他的生活、工作焕然一新，让他的人生更精彩。

刺激欲望的关键，是让用户看到产品给他带来的好处。但具体呈现时，要展示给用户看，引导用户自己看到这一切，通过影响用户的潜意识来让他自愿购买。

8. 促进购买

在销售型文案的最后，要再次催促用户购买产品。促进用户购买主要采用以下方式：

（1）利益诱惑

强调结果：再次强调购买产品后，用户将获得的好处。

赠品诱惑：用户购买产品后，可以获得价值多少元的赠品。

（2）稀缺紧迫

数量有限：产品数量和赠品数量都是有限的，先买先得。

时间紧迫：优惠价是有时效的，需要马上行动，否则错过了这个时间便买不到了。比如"618""双11"大促，通过加强时间紧迫感催促用户尽快下单。

（3）放大损失

要让客户明白，如果购买产品，将获得哪些巨大的好处；如果不购买产品，将会造成多大的损失，而且要放大这些损失，刺激其抓紧时间购买。

5.4 激活微信好友的七个步骤

个人微信号是极有价值也是比较容易经营的资产，我们可以筛选出高质量的微信好友，将微信朋友圈当作自媒体来经营，持续为好友提供有价值的内容，吸引好友的关注。时机成熟后将其拉入微信群，通过微信社群来转化这些好友。

但有一个前提，那就是将好友激活。身边很多朋友感慨，对他们来说，吸粉引流并非难事，难的是如何提升粉丝的活跃度，因为缺乏活跃度的粉丝等于死粉，没有价值。

接下来为你分享笔者总结出的激活微信好友的七个步骤。

第一步，将微信好友进行分组

你加好友或通过好友添加时需要标注，然后将他们按照标签进行分组和管理。

社交电商身边的资源主要分为以下几类：

第一类：宝妈，家庭主妇。

第二类：上班族。

第三类：管理者，创业者，生意人。

第四类：大学生，喜欢购物的年轻人。

第五类：微商人，直销人，保险人。

第六类：教育培训者。

我们可以按照上述分类对微信好友进行分类标注，对于无法确认职业和身份的，可以群发信息让其回复职业、城市，这样你既可以与其互动，又能加深对他的认识，具体见下一步。

第二步，群发信息进行筛选

可以通过以下步骤对微信好友进行筛选。

①以文字或图文形式在朋友圈发布一条自我介绍。

②给那些你不熟悉的微信好友群发信息，请他们移步到你的朋友圈为你的"自我介绍"点赞，并通过评论的方式让他们将职业、城市等资料留下。

③按照微信好友的留言对其进行备注，并根据筛选的结果选择跟进。

④友情提醒：不要群发信息给熟人，避免打扰他们。

第三步，建群进行互动

可以通过以下步骤进行微信好友之间的互动。

①建一个40人左右的小群。

②群公告处设定"禁止发广告"等群规，每入群满3人便通过wetool软件或小机器人助手@入群的好友并发布群规。

③介绍一下自己最近操盘的项目，说明群成员加入项目体验群后可以获得哪些好处，引导其加入项目体验群，并发项目体验群的二维码。

第四步，给目标客户群发红包

可以群发红包，每次人数控制在40个人以内为佳。

①首次发红包：表示对群成员的感谢，感恩与他们相识。

②第二次发红包：进行自我介绍，比如"我是殷中军，社交电商、社交新零售导师""我是张爱林，企业家、创业老兵、新零售集团创始人"。

③第三次发红包：欢迎新成员入群。

④第四次发红包：邀请群成员加入项目体验群。

第五步，朋友圈互动

可以通过朋友圈提醒的方式与目标人群进行互动，但是要控制好频率，过于频繁会让对方觉得厌烦，影响互动的效果。

①朋友圈发布的信息。可以发布与目标人群相关或他们感兴趣的内容，并提醒他们查看。

②如果你的微信好友比较多，则可以将其分组，发布信息时设置对某一个或几个分组可见，其他人看不见，避免你的信息对其他微信好友形成"刷屏式"骚扰。

③特别关注VIP级别的微信好友，根据其需求，整理并推送他们需要的消息，与其建立更深的连接，并时不时地给对方的朋友圈点赞、有针对性地评论。

第六步，一对一沟通

通过微信群、朋友圈互动、群发互动已经将与微信好友的关系从弱关系发展为中强关系，此时可以与VIP级微友进行一对一沟通了。

首先，聊背景。由此可以获悉对方的具体情况，比如购买力、是否有购买决策权。

其次，聊认知。弄清楚对方是否知道社交电商，对社交电商是否有一定的了解。

再次，聊意愿。了解对方是否想兼职或全职做社交电商。

第七步，根据掌握到的资料向对方推荐相应的服务、产品或项目

针对不同的人群，我们可以采取不同的策略。

①对于可支配收入较低的微信好友，可以将其发展为普通会员，或者普通合伙人，因为其对提升收入的兴趣通常较大。

②对于可支配收入较高的微信好友，将其发展为VIP会员，并重点进行服务。此外，还可以尝试将其转化为中高级别的合伙人。

通过以上几个步骤，你已经与微信好友建立了中强关系，将他们激活了。

5.5 通过社交化互动引爆成交

电商是基于客户购买需求产生互动，社交电商是基于社交产生购买需求，两者销售模式差异很大。

有些社交电商创业者加完好友后却没有进行互动，导致好友躺在自己的微信通讯录里，时间一久关系就淡了。

因此，加了好友之后，我们要与对方进行互动，从而将其激活。

1. 打招呼

加了好友之后，我们要与他打招呼。为了提升对方的回复率，我们可以采用以下适当的话术。

话术一：你好啊，谢谢你通过我的好友。我叫××，你怎么称呼？

话术二：美女你好啊，头像是你本人吗？好美啊！

话术三：亲爱的，看你朋友圈晒了××产品，你在卖这个产品吗？

话术四：亲爱的，请问你在做社交电商吗？

你可以采用类似这样的话术与对方打招呼，先拉近关系。

当然，你也可以事先准备一份自我介绍发给对方，这样显得正式一点。自我介绍可以用微名片等电子工具制作，其中要重点突出自己的优势。

2. 切入做的项目

在与对方互动过程中，我们把握好时机之后，便开始切入主题，将话题引到我们在做的社交电商平台或项目上。

此时针对不同的对象，聊天策略要有区别。

（1）非社交电商人群

如果是女性，可以与她谈穿着搭配、情感等女性感兴趣的话题；如果是宝妈，则可以与她交流孩子、家庭等亲子育儿类的话题。

如果是男性，可以和他聊聊事业、行业、热门书籍。

如果是大学生等年轻人群，就和他聊梦想、财富。

（2）社交电商人群

加上一个陌生好友之后，按照习惯，我们会先看看他的朋友圈，确认对方是不是社交电商。如果确认对方是社交电商，聊天时第一句话就说："亲爱的，请问你是在做社交电商吗？"

对方的回答是肯定的，但是表现的形式可能不太一样，大部分社交电商同行会回答："是的啊。"戒心比较重的人会回答："是的，怎么了？"或者"是的，你问这个干吗？"

如果回复"是的"，那么我们接下来要做的就是继续问问题，比如："嗯，很高兴认识你啊。亲爱的，我也是社交电商，我在做××平台，你在做什么产品呢？"

此时又分两类人群，不同人群的回复不一样，我们的思路也要有区别。

第一类人群：营销意识较弱

当你问其销售的产品时，对方以为你是意向客户，因此90%的人会很主动地告诉你其所销售的产品。这种人营销意识较弱，以为你是咨询产品的，会直接回答你的问题，而且根本不会问你问题。这类客户比较容易被转化，将其标注为星标好友，进行特别关注。

此时，你可以接着提问，比如："我好像在朋友圈见过这款产品，哪些人群可以用啊？"这样可以表示友好，让对方认为你有需求，然后再说："就像我现在做的××平台，也是适合各类人群需求，毕竟日常生活中都用得上。"这是连贯性的对话，即当你咨询别人产品的同时，把自己的平台优势顺便介绍一下。

当然，这里的回答不是绝对的，可以根据对方的回答自由发挥。针对这类客户，你要准备几个问题：①问其做什么产品。②问产品功效。③问产品的消费人群。④问其是兼职还是全职做，做得怎么样。

特别提醒的是，问这些问题的时候，你拿出来和其做比较的是别人，而不是你自己。

话术："你看我有一些店主都是兼职做的，她们每天抽出几个小时来做，因为平台服务比较到位，不需要自己打包发货。而且公司也有系统的培训，所以她们只要利用空闲时间去做就可以了，收入都还不错哦。有一个带4岁小孩的宝妈店主，上个月挣了一万多元，可把她高兴坏了，才投资了几百元呀！"

沟通的时候要记得融入一些俏皮的表情符号，活跃下气氛。

你可以问她做得怎么样，问她是不是把社交电商当事业来做的。当然，问的问题因人而异，自己把握。

话术："亲爱的，你看我有一些店主虽然是兼职，但是她们都是把平台当做事业来做的，想要通过××平台来提升自己，改善家庭条件，为孩子提供更好的生活和教育。你也是这么想的对吧？"

这里需要注意几点，问问题的核心不是单独提出这个问题，而是像上面的话术一样，问这个问题之前要把你或××平台的情况说出来，这样你可以很自然地把你的平台优势和团队优势展示出来，而不会让对方感觉你是在有意进行营销。

对于这类人群，对方回答完你的问题，你要继续提问，在提问的过程中，把平台的优势展示出来。

第二类人群：营销意识较强

这类人群一般做社交电商时间较长，或者现在的社交电商事业做得还不错，他们会想办法来影响你，来问你问题。

比如，对方可能会问你："哦，我是做××产品的，这个产品的优势有……你是想改善什么状况呢？"

是不是感觉有点难度，不知道怎么回答了？这类人群其实是很善于做销售的。这个时候，你不回答对方的问题，直接按照上面的聊天思路聊天，对方估计不会理你。但是如果你回答他的问题，那你就会被她牵着走，陷入被动中。

此时可以采用"建—拆—建"的技巧来应对。对方的问题你肯定要回答，但是不能直接回答，而是通过一些话过渡一下，然后再回到你的思路上来。

比如，你可以回答："嗯嗯，你的产品真棒，有这么多好处！我需要××的时候肯定会找你购买。看你对产品这么专业，你做这个多久了？像我的店主，我也是要求他们对平台和产品知识要烂熟于心的。"

这个时候你的思路就回到了与上一种客户聊天的思路上了。中途他还是想影响你的时候，记住不要只回答他的问题，要问他问题，即回答问题＋引导话题。

这是我们针对社交电商从业者的一种聊天思路，将转化思路理解透彻后，再结合平台设置更多更适合的话术。此外，你沟通的目的是成交，而不是为了炫耀话术技巧。

销售，是信心的传递，情绪的转移。真正的销售高手是顾客的教练而不是顾问。

(3) 跟进转化

在聊天的过程中,如果对方主动透露他也想做社交电商或者问怎么做,那就可以使用主动回答的转化思路去聊,即讲优势。

讲优势要拿实际案例来举证。当你说××平台好,能赚钱时,口说无凭,说完必须发案例。比如:"我的一个店主最多的时候一个月可以赚几万元,最重要的是投资只有几百元呀!"然后再列举产品的优势。比如:"这些商品在线下超市和其他传统电商平台是×××元,在××平台上只需要花×××元就可以买到。"这就是优势。

第四篇

社交电商如何才能快速吸粉引流,创建销售群,提升社群活跃度,并迅速裂变团队?要学会借助社交网络的力量,具体如何借力?

社交裂变

Chapter Six

第 6 章
社交电商如何快速打造私域流量池

引流吸粉、打造私域流量池是社交电商起步时需要具备的基本技能。

工欲善其事，必先利其器。社交电商要借助引流吸粉的技巧实现流量的持续裂变，快速打造自己的私域流量池。

6.1 私域流量的定义及获取方法

首先，我们需要先弄清楚私域流量的定义及其获取方法。

6.1.1 私域流量的定义

私域流量其实并不新鲜，只是这几年因为线上线下获客成本的增加，很多人开始重视私域流量的价值。

私域流量是相对公域流量而言的，后者的代表有：线上的如百度、淘宝、腾讯等平台的流量；线下的如商场、校园、核心商圈等实体的流量。私域流量和公域流量具有相对性，对于商家而言，百度、淘宝、腾讯、商场校园、核心商圈等的流量显然属于公域流量，但这些流量对于上述平台及实体而言，则是它们的私域流量。

那么，到底什么是私域流量？简言之，那些能够随时触达、直接沟通与管理的粉丝和用户便是私域流量。对百度、淘宝、腾讯等平台来说，平台上的用户便是其私域流量，而对个人而言，个人微信号上的微信好友便是私域流量。众多私域流量聚合在一起，便称为私域流量池。

在私域流量的基础上又衍生出私域电商这个概念，它和传统电商、社交电商的共同点是，都是围绕着"人、货、场"做生意，只是三者的表现形式和变现方式存在一定的差异。

那么，何为私域电商？笔者认为，那些拥有私域流量，能够不再依赖拥有公域流量的平台，借助社交媒介，用社交方式与客户沟通，并完成交易的电商都可以称为私域电商。

6.1.2 如何获取私域流量

获取私域流量的方法主要有三种：

①将公域流量导入到私域流量池。如从淘宝、腾讯、百度等公域流量池中获取流量，导入自己的微信中。

②将他人的私域流量导入到自己的私域流量池。如从别人的微信群、QQ群中获取好友。

③裂变自己的私域流量。如通过互推、好友推荐等方式，让自己的微信好友快速裂变。

鉴于目前微信活跃人数已超过10亿，是移动互联网时代当仁不让的社交平台霸主，而且微信个人号及微信生态很适合打造CRM（客户关系管理）系统，因此目前最适合打造私域流量池的社交工具仍然是微信，尤其是微信个人号。

因此，如果你想获取私域流量、打造私域流量池，则可以运营微信个人号，利用上面三种方法，增加微信好友，做好微信好友的维护，并在时机成熟时设法将私域流量变现。

6.2 线上如何迅速获取私域流量

上面粗略分享了三种获取私域流量的方法，具体到实际操作应如何做呢？下面先分享线上快速获取私域流量的方法。

1. 微信群快速加粉技巧

微信群是一个封闭的社群，这就意味着我们无法像搜索QQ群那样搜索到微信群。但没关系，借助万能的百度，我们依然有办法搜到目标微信群。

在百度搜索关键词"微信群",我们可以发现很多微信群导航网站,其中有许多分好类的个人微信和微信群二维码。

由于微信群群成员超过 100 人之后我们就无法扫码入群,而且目前微信群二维码的有限期是 7 天,这就意味着扫码入群还讲究一定的概率,但 10 个微信群中扫码成功两个也算收获很大了。

和 QQ 群相似,进群后,我们要先和群主搞好关系,再寻找合适的目标人群,添加其为好友。

此外,我们还可以和亲朋好友交换微信群,这也是迅速加群的一种好办法。

目前市面上有很多高端的收费群,我们也可以花点钱进入这些微信群。愿意花钱入群的人一般都是经济能力还可以,或者是有很强的事业心,将他们转化为客户的概率很大,如果方法得当,你可以将他们发展为代理,他们为你的社交电商事业创造的收益往往会很高。

2. QQ 群快速引流技巧

(1) 如何精准搜索 QQ 群

很多人以为移动互联网时代有了微信这一超级移动社交软件之后,曾经的社交软件霸主 QQ 就不那么流行了。其实不然,据腾讯最新公布的数据显示,QQ 和微信用户人数不相上下。这就意味着如果我们想吸粉,QQ 群仍然是一个非常不错的"大鱼塘",里面有很多"大鱼",而且 QQ 群是一个开放的大社群,我们可以直接搜索到。

在加 QQ 群之前,我们先要确定我们的目标人群,精准搜索 QQ 群。为了搜索到精准人群,我们需要事先做好以下一些工作。

①定位粉丝。首先要明确你的粉丝是宝妈、大学生、上班族、自由职业者、商家中的哪一类人群。

如果目标人群是宝妈,则你可以搜索与宝妈相关的微信群,然后点击加群;如果是减肥人群,则搜索"减肥",会出现很多减肥群。

②角色同频。想象一下，如果你是群主，你会允许具备哪些条件的人群入群？比如，你想进入宝妈群，那么站在群主角度，她会审核你是否具备宝妈的特质，如你的QQ头像、昵称、个性签名是否和宝妈同频。

③优化验证语。根据笔者的经验，当你要入群时，需要不断优化入群的验证语，直到确定一个通过率比较高的验证语。当然，你也可以通过角色同频来想象如果你是群主，哪些验证语通过率会更高，换位思考之后，你会发现你能很快确定好一个通过率较高的验证语。比如，你要进宝妈群，你可以写"我是宝妈，想进群交流育儿经验""孩子快1岁半了，想进群学习育儿经验"。当然，你也可以请教身边有此经验的伙伴，直接借鉴他们的方法。

(2) QQ群引流方法

入群后，我们可以采用一些措施进行引流。

①查看群公告，修改群名称，这些和微信群的操作步骤类似。

②可以先发个群红包，然后进行自我介绍，加深群成员对你的印象，并博得好感。

③和群主搞好关系，然后再观察目标人群，优先添加在线人群和等级高的人群，这两类人群往往活跃度很高，微信绑定QQ号的可能性也很大。这样我们可以在微信中直接输入这些人群的QQ号并添加其为微信好友。

④如果对方QQ号没有绑定微信号，则可以加其为QQ好友，通过QQ交流，搞好关系后再想办法将其转化为客户或代理商。

⑤很多QQ群往往也创建了微信群，我们也可以向群主或关系较好的群友咨询是否有相应的微信群。如果有，则请他们帮忙拉你入群。

3. 公众号引流涨粉策略

(1) 微信公众号涨粉法

微信公众号同样适合做营销。那么如何利用微信公众号涨粉？

1）优质的内容是前提

只有坚持推送优质内容的公众号，才能吸引更多粉丝。而想要创作出优质的公众号内容，应该怎么做？

①明确公众号内容定位。在特定的领域，专一的研究才能生产出深度好文，而明确的定位更能吸引精准的粉丝。

我们应该如何定位自己的公众号？

首先，要对自己有清醒的认识，自己的产品属于哪个行业，公众号内容就要偏向于哪个方向，并且只有对行业有了深入的研究，才会产出优质的内容。

其次，一个关注度高的公众号，不只是单纯介绍产品，而是会经常性地给大家发一些专业性知识，或者给大家发放一些福利优惠券、红包等，给粉丝带来实实在在的好处。

最后，想清楚自己的竞争优势。

②为内容打造一个有力的标题。在微信公众平台中，想要脱颖而出，吸引粉丝的关注，你的内容首先需要一个好的标题。

点击率高的标题一般具有以下几个特点：

与当下热点相结合。

用提问的语气，引起大家的思考。

从大家日常的生活场景出发。

用大家最关心的问题作为关键词。

③吸引人的内容大都具有实用、有趣的特征。实用、有趣的原创内容有哪些特点呢？

首先，回归事物的本质。通过一篇文章，把一个问题分析到位，通过现象看本质。

其次，语言、语气不刻板。现在很多文章都告别了教科书式的语言，用清新的文风、幽默的语言开创了一片新的天地。

最后，具有启发意义。

经得起考验的内容自然能够引起大家的关注，粉丝量自然也就增加了。

④发广告要注意技巧。有时候你需要在微信公众号推送一些新品上市、活动促销、招募代理的内容，这无可厚非，因为你吸引粉丝的目的就是为了将他们转化为顾客或代理，但建议发广告时要注意技巧。

可以采用"干货+广告"的形式发送广告。就是你先提供干货知识，再在文末加上广告，这样粉丝接受度也会大大提升。

2）微信公众号互推

在选择互推的对象时，可以是不同领域的公众号互推，粉丝群体看到不同类型的文章，感兴趣的话自然就会关注了。

3）利用微信群推广公众号

①加群。这需要你有一些高质量的微信群，你可以付费加入一些高端群，也可以通过朋友介绍进入你的目标人群所在的群。

②搞好关系。进群之后，你要先弄清楚群规，如果群规允许你分享一些干货，那么你可以将自己的微信公众号文章推送到群里。

但如果群规不允许推送文章怎么办？这时候你要先找到群主，然后加其为好友，和他搞好关系之后，再找个时机向他说明你想在群里分享一些干货文章，征求群主的同意，此时群主一般都会同意。

③推送文章。在你不断分享干货文章后，自然会有很多对此感兴趣的人关注你的微信公众号，或者直接加你为好友，后面你再想办法将他们转化为顾客或代理即可。

总而言之，无论我们选择何种方式推广自己的公众号，产出的内容都是吸引粉丝的关键。

(2) 利用自媒体号为公众号引流

除了有自己的微信公众号，我们还可以申请百家号、搜狐号等自媒体号，每次在微信公众号上推送文章时，将文章同步到百家号、搜狐号等自媒体号上，通过这些自媒体号再次引流。

这些自媒体号不允许放微信号、二维码，那怎么引流？可以通过图片因为这些自媒体号允许你放图片，如果你的图片上面有你的微信公众号的水印，粉丝自然会顺藤摸瓜，关注到你的微信公众号，然后关注到你。

4. 淘宝快速引流的技巧

我们可以主动找到一些生意一般的淘宝店，先购买一些该店的商品，或者直接和店主通过沟通建立好关系，然后找机会说服他们尝试社交电商创业，让他们成为你团队的一员。淘宝店主因为有互联网创业经验，因此对社交电商创业这种移动互联网创业方式接受度较高。不足之处是受限于传统电商思维，他们往往习惯了单兵作战，适应社交电商团队作战的运营模式还需要一定的时间。

我们不建议找天猫或京东的店主，因为他们往往是企业化运营，客服人员可能只是企业员工，很少是店主本人亲自服务。而淘宝店由于是小本经营，客服或店主很可能就是创业者本人，沟通效果会更好。

与淘宝店家合作时具体又分为以下两种情况：

（1）还未开始聚集粉丝的淘宝店家

对于这部分淘宝店家，我们可以与对方合作，帮助其制作印有二维码的卡片，并在上面写上"五星好评后，加微信领红包"等话术。给买家的红包一般在5元以内。

这种方法可以帮助我们引流潜在客户，还能帮助店家零成本提升店铺好评率。

（2）已开始聚集粉丝的淘宝店家

这部分商家可能会担心我们将他的客户抢走，因此不愿意合作或者有顾虑，此时可以用以下方法消除店家疑虑、吸引店家合作。

①和店家坦诚相待，将合作意图向对方讲明。
②可以缴纳一定的保证金给店家，承诺如果违约，保证金归对方。
③选择合作店家时，不要选择与自己有竞争关系的淘宝店。

5. 公益课裂变粉丝技巧

公益课因为免费或收费很少（10元以内），会吸引很多想免费或低价学习的人，如果设计一定的策略，还可以吸引对方介绍其他好友加入学习。

在不同的引流情况下操作的具体流程可以灵活变通。

①至少提前5~10天建群并邀请潜在客户进群。

②向潜在客户说明公益课的目的。

③向潜在客户展示课程内容及课程能为他们提供的价值。

④向潜在客户展示听课过程中举办方准备的福利。

⑤设置初级门槛，初步筛选听众，门槛可以是1元、1.9元、8.8元、9.9元不等。

⑥公布课程规则：限时、限人数（符合稀缺原则）。

⑦筛选完成后，将粉丝按照不同标签分好组。

⑧建立新微信群，将筛选后的潜在客户邀请入新群。

⑨发布群公告，引导这些群友转发你的公益课文案，吸引新的潜在客户入群。

⑩对完成转发的群友可以给予红包或课件奖励。

⑪继续塑造公益课的价值。

⑫公布公益课开课时间。

⑬开课5~7天前进行公益课倒计时的宣传、造势。

⑭准时开课，呈现价值，并及时兑现承诺。

公益课裂变法适合有组织的团队使用，团队可以是3人左右的小规模，明确分工，反复循环举办公益课，吸引潜在客户，不仅可以吸粉引流，还可以打造个人及团队影响力，帮助你持续裂变流量。

6.3 线下如何快速获取私域流量

线上添加 100 个好友，不如线下添加 1 个好友。因为线下见过面，所以信任感比线上更强，黏性更高。作为社交电商，除了要学会常用的线上引流法，也要注重线下私域流量的获取。

1. 通过活动聚会引流的策略

（1）活动聚会的注意事项

活动聚会可以分为主动发起和被动参加。普通社交电商因为条件和经验所限，不具备主动发起活动的能力，通常是被动参加聚会。当然，后期如果条件允许，你自己也可以主动发起活动，毕竟，主动发起活动会有更多的自主权和掌控感。

作为社交电商，有机会要多参加一些线下活动。

在参加活动之前，为了方便别人加你为好友，建议你将自己的微信二维码保存到相册，也可以将它打印出来，贴在手机后面，别人要加你时，你不需要再翻出二维码，只需要将二维码展示出来让对方扫码添加即可。

线下活动一般都会有自我介绍环节、互动环节、分享环节，这时候要争取表现的机会。如果发挥得当，其一，可以让人们记住你，主动添加你为好友；其二，可以让人们知道你具体是做什么的，能提供什么样的价值，有这方面需求的人群自然会主动添加你或私下咨询你；其三，你敢于站出来分享，参会者会觉得你很勇敢。如果你的分享水平还可以，就很容易博得别人对你的好感。

很多人可能会说："我很内向，不善于表达怎么办？"笔者想说的是，内向和不善于表达没有必然联系。比尔·盖茨也是一个很内向的人，但他在舞台上演讲时魅力四射，不善于表达，那就更得多上台表达。想做好社交电商，就要勇于走出舒适区，敢于挑战自己，让自己善于演说。

除了自己争取，我们想要成为焦点并获取最大的边际价值，还要和主办方搞好关系，这样你成为焦点的机会就会大很多，而且主办方掌握了参会人员的详细信息，搞好关系也有利于你获取后期价值。和主办方搞好关系的主要方法有：提供礼品赞助；付出，为主办方创造价值；资源互换，如帮助主办方宣传活动。

(2) 活动加好友技巧

活动过程中一对一加好友质量很高，在加对方时，验证语中要有自我介绍，比如说：我是××，从事××行业，很高兴能和您交流。自我介绍是为了加深你在对方心中的印象，否则加完之后时间一久，别人就会将你忘记。如果你之前已经做过公开分享，那么你加对方时通过率会很高，而且对方对你的印象也极深。

除了一对一加好友，也可以通过活动微信群加好友。活动聚会一般都会建活动群，如果你不在微信群中，你可以主动问举办方，要求入群。如果举办方没有微信群，你可以咨询活动举办方是否可以建群，或者你是否可以帮他们建活动群。正常情况下，活动举办方都会感谢你的建议，建群或者同意你建群。

进了群之后，你可以通过互动，增加露脸的机会，这样别人加你为好友的概率会大增，或者你加别人时通过率会大大提升。当然，如果你想吸引更多人加你为好友，则可以和群主先打个招呼，说你想为群友分享些干货。一般情况下，群主都会支持你为群友提供价值，提升群的活跃度。当你为群友分享完干货之后，自然会有很多人加你为好友，尤其是有相关需求的人。

2. 利用培训活动吸粉的技巧

针对社交电商的线下培训活动主要分为两类：低端的培训与中高端的培训。前者收费较低，培训对象主要是传统企业主、小白社交电商、中低级别社交电商，目的是为了引流；后者收费较高，培训对象主要是社交电商团队长、操盘手、品牌方，目的一是为了赚培训费，二是为了整合高端人脉资源。

如果你想招中低级别的代理商，则可以参加低端培训；如果你想找合伙人、操盘手、大的团队长,则建议参加中高端的培训。参加这些活动有很多好处:其一,因为线下见过面,信任度更高;其二,因为有同学之谊,合作的成功率更高;其三,可以进行多方面的资源互换。

和上面提到的活动聚会一样,培训课程中也有自我介绍、互动环节、分享环节,有的中高端培训,还有晚宴环节,建议你要抓住这些机会,让更多同学记住你,对你产生好感,这些资源后期产生的价值可能远远超过你的想象。

如果你已通过自我展现让别人对你印象深刻、产生兴趣,自然会有很多人加你为好友;如果你没有机会或没把握住机会表现自己,还可通过其他方式让别人加你。笔者有个朋友是个引流高手,他有个优势是记笔记很快,上课时他会边听课边用电脑做笔记。在课程结束之后,他的笔记已经出来了,然后他会在群中说:"想要笔记的,请私聊我。"或者他直接把笔记发到群里,在笔记中留下自己的微信号,并标注:想要更多引流课件请加我为好友。这时候群主一般不会干涉他,群中会有很多人加他。很多人会问:我打字速度不快怎么办?其实记笔记是有方法的,只记主要的内容,结束时再稍微完善下笔记就出来了。

3. 通过门店引流加粉的策略

传统门店每天都会有一定的人流量,很多进店的消费者可能都是我们的精准目标群体,不利用实在可惜。

在门店选择上,我们要根据目标粉丝的情况选择适合的门店。如果我们是做美妆产品的,则可以去美甲店、美容美发店、女士服装鞋帽店、宝妈常去的母婴店等女性人群常去的门店。

那么,如何让店主支持我们的活动?如何让客户心甘情愿扫码加好友呢?

可以通过利益互换的方式来实现互惠共赢。比如,我们可以向店主免费提供一些有价值的产品,店主可以作为福利免费送给客户,既帮助店主吸引客户,又能让你的产品接触到消费者。

引流方法通常是让客户扫码加微信,可分为两类:二维码和产品分离;

二维码和产品一体。

①二维码和产品分离：如做漱口水的社交电商，可以为女性人群常去的门店提供免费的试用装漱口水。门店店主为了提升客户对门店的好感度，也愿意赠送免费产品。为了提升粉丝的精准度，我们可以和门店商定只有在门店消费后，才能扫码领礼品，避免很多人只是为了来蹭礼品。

②二维码和产品一体：你可以帮助门店特别定制一些他们用得上的物品，如购物袋、纸巾、小手册等，并在其中加上你的二维码用于引流。针对不同的门店，制作不同的物品，制作前先和店主沟通一下，经对方同意后再定制。

4. 利用线下媒体引流的技巧

利用线下媒体引流，要根据目标群体的特性选择合适的场所和媒体来投放适合的广告，比如可以发传单，可以在公交车、出租车车体上投放广告，可以在公交站牌、火车站等人流量大的地方打广告，等等。

有一个徐州的社交电商品牌，在徐州市所有的公交站牌上投放了品牌广告，结果代理商裂变速度极快，品牌趁机做大做强。

当然，利用线下媒体引流推广费用较高，更适合有一定实力的社交电商和品牌方。

5. 社区引流吸粉的技巧

我们可以在小区内贴广告或拉横幅，吸引目标人群扫码关注我们，小区客户的黏性一般较高。

在小区内张贴广告或拉横幅，要事先和物业进行沟通，征得物业的同意。

6. 零成本单人地推攻略

（1）地推引流吸粉的技巧

地推引流和门店引流方式相似，只不过把地点从店内转移到了店外。

地点方面：地推引流要选择在人流量比较密集的场所，如大型商场、大型活动的现场、校园、住宅小区、商业中心、公园等。

时间方面：地推引流一般选择在节假日，如平安夜、圣诞节、元旦、春节、五一、国庆、周末等，因为节假日人流量比较大。也可以选择在京东"618"淘宝"双11"等约定俗成的电商购物节，此时有很多实体商家会同步在线下搞活动，人流量较大。

此外，不同的地点，地推时间有一定的差异。

商场：周末的中午或者晚上，逛商场的人比较多。

校园：幼儿园和小学，周一到周五11:00~13:00、下午放学这段时间，很多家长（以宝妈为主）会接孩子。大学，一般选择接近中午、傍晚时，此时学生下课，人流量很大，你可以在大学生必经的地方扫码，也可以到大学附近的快递点地推，此时取快递的学生也会很多。

公园：周末的上午或中午，很多家长会带着孩子出来玩。

在门店里，我们可以通过扫码送礼物引流；在门店外，我们也可以引流，但不能用扫码送礼物这种简单的方式，而是要增加免费领取礼物的难度，因为门店外的人流不是很精准。如可以约定转发送礼物，让对方转发我们朋友圈的信息，这样既让对方加你为好友，又通过分享实现了粉丝的裂变。转发送礼物引流的方式也适用于门店的引流，前提是礼物必须有足够的吸引力。

有时候为了确保粉丝的精准性，我们可以将地推的场所定位得更精准一点。你的目标人群在哪里，你就把地推的场所定位在哪里。比如你的目标群体是宝妈，你可以将地推场所选择在母婴店附近或亲子类游乐场附近。

（2）零成本单人地推的方法

大部分地推需要团队协作，同时还要准备礼品，这增加了地推的成本。下面分享的方法可以帮助你解决这些痛点，就是应聘兼职扫码人员。

你可以通过商场、学校、公园等场地的扫码人员，找到需要兼职扫码人员的商家，应聘该商家的兼职扫码人员，这些商家会提供引流礼品，用于扫码。你借助这些礼品，在完成商家任务的同时也吸引粉丝加你的微信号，而且，你同时还能获得大概 1 元/人的收益。

在挑选商家时，优选那些提供有吸引力礼品的商家，或者是地推的目标人群与你的目标客户一致的商家。

兼职扫码，同时推广你的事业，可谓一举多得：

① 你不需要自己提供扫码礼品。

② 帮助商家加粉，同时还可以为自己加粉。

③ 能赚到一份额外收入，增加你地推的动力。

④ 可以将商家的扫码人员所在的社群中的其他扫码人员转化为自己的客户或团队伙伴，这些扫码人员做社交电商，能量不小。

6.4 借力网络电台引流涨粉法

网络电台是社交电商为广大顾客和团队伙伴提供有价值内容的优选媒介。通过网络电台我们可以将一些产品知识分享给顾客，可以为团队伙伴分享如何做零售、如何发展团队等社交电商急需的干货。

1. 网络电台主播心法

（1）为什么录制电台节目比如何录制电台节目更重要

其实我们做每一件事之前都要先弄清楚为什么要做这件事，弄明白自己做这件事的初心。如果你没有足够的动力做一件事，你很难坚持下去，也很难做好。

录制电台节目也是如此。你要明白，你录制电台节目是为了给顾客、代理伙伴提供价值，为了提升演说水平，还是仅仅为了吸引粉丝。如果你是为了提供价值、提升演说水平，你坚持下去的可能性就大大提升；而如果你只是为了吸引粉丝，那你很容易患得患失，当某段时间看到自己涨粉很慢，你就会失去录制的动力，很有可能会选择放弃。

（2）中途放弃是正常的

很多社交电商怕自己无法将录制电台节目坚持下去，或者怕自己中途放弃被身边的朋友嘲笑。其实，中途放弃录制电台是很正常的一件事。

放弃录制电台的原因主要有以下几个：

其一，自己不喜欢。这个不难理解，做自己不喜欢的事，很难坚持下去。

其二，看不到效果。你看自己的电台涨粉很慢或几乎不涨粉，积极性自然会备受打击。这时候你要阅读"主播心法"的第一条，弄清楚你录制电台的初心到底是为了涨粉还是为了提供价值或提升演说水平。

其三，不能变现。这还要回到你的初心，你录制电台节目到底是为了提供价值、提升演说水平，还是为了赚钱。

2. 如何定位电台内容

做社交电商要学会定位自己，录制电台节目也要定位好电台节目内容。你的目标粉丝、目标客户是谁？他们喜欢听什么内容？什么样的内容能帮助他们，为他们提供最大的价值？

比如，你代理的是大健康产品，你可以为客户分享产品使用方法、健康养生知识；你可以为代理分享如何吸粉、如何维护客户、如何招募代理等社交电商代理商最关心的内容。

以笔者为例。笔者的目标粉丝是渴望成长的女性以及社交电商，所以我在荔枝电台中经常为女性、社交电商分享快速成长和创业的干货、心得体验、人生感悟。

总之，电台内容的定位要根据你的目标粉丝情况来定。

3. 录制电台节目的四层境界

普通人录制电台节目往往会经历四个境界：

第一层境界：读稿

这是大部分人刚开始录制电台节目时常用的方法。找一本书、一些文章对着手机电台读出来，录成一期电台节目，这种方法的好处是：其一，起步快；其二，因为是照着内容读，一般不会很紧张；其三，不用担心没有内容。

第二层境界：创作

这时候你已经通过读书、读文章录制了很多期电台节目，已经不再满足只读别人创作的内容了，你准备录制自己的内容。刚开始因为还不能脱稿，所以很多人会选择将自己的所思所想写出来，然后照着读。

有些人嫌自己文笔不好，写作水平差，这没关系，重要的是你的态度，你写的内容要有温度有诚意。当你将自己的感悟、干货通过文字表达出来，其实你已经在录制电台节目的路上进阶了，此外你还锻炼了自己的写作水平。

第三层境界：半脱稿

在坚持录制电台节目3~6个月之后，你就可以在半脱稿的情况下进行录制了。

你可以将要录制的内容框架写出来，可以写在纸上，也可以用思维导图的形式表达出来，然后就可以看着内容框架开始录制了。

这时候你的演说水平和写作水平都升级了，你成了一个很厉害的社交电商。不仅能卖货、带代理，还能演说、写作，并且你会发现演说、写作能让你的社交电商事业如虎添翼。

第四层境界：完全脱稿

在坚持录制电台节目半年后，你基本就可以完全脱稿了。这时候你可以将每天的经历、收获、感悟在大脑中简单回顾一下，然后就能对着电台直接录音了，即使这时候有人在场，你依然可以很自然地当着其他人的面录制电台。

4. 利用电台引流的方法

下面分享一些利用电台引流的方法，这些方法都是笔者以及身边朋友尝试过且有效的方法。

（1）转发到朋友圈

这是最常用的电台引流法。

你的朋友圈中的很多好友可能和你互动很少，并不认可你，也不是你的粉丝。通过电台，他们会发现原来你是一个能为他们提供价值的人，是一个有温度、有思想的人，会转变对你的看法。

所以我们要想办法为他人提供有价值的内容，向他人多展示自己，在他人心中留下深刻的印象，说不定什么时候他就会向你咨询产品、咨询如何做代理。因为通过电台节目，你已经和他建立了更深的信任，甚至在他心中你就是这方面的权威和专家，有这方面需求时自然会首先想到你。

（2）转发到微信群

你可以将电台节目转发到顾客群、代理群、朋友群中，这样你既可以为他人提供价值，又能吸引别人的关注。

笔者有朋友就是坚持将自己的电台转发到众多微信群中，短短时间内积累了众多社交电商粉丝，精准且质量很高。

（3）转发到QQ空间

很多人以为有了微信之后，QQ用的人就少了，但其实不然，依然有很多"85后""90后""00后"在用QQ进行社交。所以你可以将你的电台节目转发到QQ空间，你的QQ好友看到之后自然会关注你。

（4）转发到微博

这是笔者现在每天在做的事，笔者每天录完电台节目，就会将它转发到微博。微信朋友圈比较封闭，只有自己的好友能看到。而微博是个开放的圈子，出没在微博上的人都能看到你发的电台节目，而且你把电台转发到微博还有一个好处：可以提升你的微博的活跃度，提升微博的排名。

6.5 成交型线下沙龙的开展流程与步骤

社交电商是移动互联网时代特有的一种商业模式。社交电商创业者通过线上与客户沟通和交流，以达成销售。但任何一种产品，任何一种商业模式都缺少不了线上、线下的融合。如果缺乏线下的产品体验环节，缺乏线下面对面的情感交流，社交电商很难长久做下去。

俗话说："线上聊天千万遍，不如线下见一面。"线下为粉丝、客户、代理分享、提供价值，可以帮助我们迅速打造知名度、建立影响力，让我们迅速成为他人眼中的专家。

随着社交电商本地化的发展，加上目前线上获客成本的增加，线下分享会越来越重要。目前已有很多社交电商品牌或者团队长经常组织一些大大小小的线下活动，如培训会、招商会、小型的沙龙等，以弥补线下布局的不足。

沙龙是目前线下分享最常见的形式。经过不断演变，沙龙由原有的家庭聊天聚会演变成各种聚会，如座谈会、茶话会、小型的培训会、分享会等。

现在很多社交电商团队会定期举办线下沙龙，线下沙龙的好处是，成本低，加的粉丝黏性高。

线下沙龙一般情况下人不会很多，少则几人，多则数十人。这时候每个人可能都有机会进行自我介绍、互动、做分享，建议多把握这些机会展现自己的魅力一面。

除了争取机会表现自己，还可以通过微信面对面建群，通过微信雷达加好友。因为很多人其实对这种建群加好友的方法不熟悉，感到新颖，你可以将面对面建群和雷达加好友作为沙龙的"破冰"环节，这样沙龙的参与感会非常强。

下面分享一下如何开展一场有效的沙龙。

1. 邀约准备

为了保证沙龙质量，举办沙龙之前我们需要提前一周到半个月的时间进行邀约，一来可以让我们有充足的时间安排活动事宜，二来也方便参会者提前安排好自己的时间。

邀约之前，发动身边的朋友在朋友圈进行引流，最好的方法是先建群，随后我们要确认沙龙的五大要素：主题、时间、地点、人物、费用。

（1）主题

沙龙的目的决定了沙龙的分享内容，内容则决定了沙龙的主题。

根据分享的目的，沙龙主题主要分为三类：引流、发展客户和发展代理商。

（2）时间

针对目标人群的情况，可灵活安排举办沙龙的时间。如果邀约的对象是上班族或宝妈、全职家庭主妇这类人群，则举办沙龙的时间建议选择放在周末、节假日；如果邀约的对象是自由职业者，则举办时间比较自由。

活动时间可以放在上午、下午或晚上，大致时间是上午9点~12点，下午14点~17点，晚上19点~22点。

如果你的沙龙安排了聚餐交友环节，则建议沙龙安排在上午或下午。

（3）地点

沙龙举办的地点根据沙龙预算和场地资源来确定。

在本地举办沙龙，可以是自己工作的场所，也可以是酒店、学校，只要能提供会议室的场所都可以。

在外地举办沙龙，如果没有熟悉的场地资源，建议选择带会议室的酒店。

（4）人物

①邀约对象。沙龙的邀约对象一般包括主讲人、主持人、参会者、辅讲人。

②邀约人数。邀约的参会者以20~30人为宜，人数太少会影响活动气氛和主讲人情绪；人数太多对主讲人和主持人的要求也更高，很多经验不足、气场不强的人可能控制不住场面，影响沙龙的效果。

（5）费用

我们可以按照AA制的方式收取合理的场地费或茶水费，当然，有些举办方使用的场地是自己的，不需要花场地费，因此可以免费。

2. 发起邀约

在确定好沙龙的五要素之后,我们就可以开始启动沙龙邀约工作了,具体内容如下:

(1) 邀约的渠道

邀约的渠道有很多,我们用来引流和分享的渠道都可以用于邀约。

如我们可以在微信群、朋友圈中发布邀约信息,可以在社交网站上邀约,也可以在参加其他活动时邀约。

在邀约过程中,我们要发动团队伙伴和微信好友的力量,让更多人参与到活动中。

(2) 邀约的人数

前面已提到,沙龙邀约人数控制在20~30人为佳。但刚开始时,我们可以量力而为,先少邀约一些人,如从邀约5~6人开始,循序渐进,以增强自己的自信,避免刚开始没达到预期效果而失去信心,后期等我们的能力和经验提升后,再增加邀约的人数。

(3) 邀约的文案

邀约的文案可以以文字、图片、图文等形式呈现。

邀约的文案信息主要包括:主题、时间、地点、人物、宣传语、咨询方式。

考虑到文案对社交电商的重要性,在条件允许时,建议请一个好的文案写作人员对邀约文案进行指点。有时候,一个好的邀约文案能让你邀约效果提升10倍以上!

(4) 邀约的跟进

随着沙龙举办时间的临近,我们要跟进邀约的进展。我们可以根据沙龙的临近举办日期和所剩参会者余额及时调整我们的海报和文案。

朋友圈和微信群是我们发布沙龙活动动态及进展的重要阵地,我们可以将已参与者的报名信息和付款截图发布到朋友圈和微信群中,通过各种方式不断让还未报名的人产生紧迫感和稀缺感。

3. 会场布置

会场的布置分为基础物件和活动物料。

（1）基础物件

桌椅。桌椅的摆放要根据场地大小和分享形式来定。

茶水。茶水可以由活动场地提供，如果没有，我们可以购买一些矿泉水代替。

投影仪。一般酒店的会议室都有投影仪，但需要我们提前联系酒店工作人员，向其申请使用。为了保证沙龙进行中不出错，应提前测试一下投影仪。如果是在自己的工作场所经常举办沙龙，则我们可以购买一台投影仪，也方便日后使用。

投影幕布。很多有投影仪的活动场所一般都会匹配相应的投影幕布。如果是我们自己的工作场所，可以只买投影仪不买投影幕布，有白色的背景墙即可。

纸笔。考虑到很多参会者有做笔记的习惯，但他们自己不一定会随身携带纸笔，因此我们要安排一些纸笔，方便参会者记笔记。

（2）活动物料

活动物料主要包括横幅、易拉宝、签到本、赠品。

横幅。横幅用于悬挂在现场，同时还可以用做活动后拍照留念的背景画面。

易拉宝。将易拉宝放在签到台的旁边或会场内比较适宜。

签到本。将签到本放在签到台上，每位参会者都要签到，便于我们统计参会人数。

赠品。我们可以将自己销售的产品作为赠品，也可以将赞助商提供的产品作为赠品。

4. 同步直播

在直播技术没有那么发达时，很多沙龙活动仅限于线下，有些举办方可能会将活动过程录像留存。

随着直播技术的发展和升级，将沙龙活动过程通过直播的方式分享给更多网友，是我们扩大沙龙活动效果、宣传效果、影响力的有力武器。

社交电商要善于运用工具，以提升活动效率，放大活动影响力。

5. 互动交流

一场好的沙龙离不开主讲人与听众的互动交流，缺乏互动交流的沙龙是没有温度和活跃度的，分享效果也不会太好，沙龙的作用将大打折扣。

互动交流要注意以下几大环节：

（1）自我介绍

参加沙龙的人一般都互相不认识，因此需要通过自我介绍进行破冰，让大家相互熟悉。自我介绍的具体时间长度要根据活动的时长和参与人数综合决定。一般来说，如果参与人数在30人以内，则可设置每人30~60秒的参会者自我介绍；如果参与人数在30人以上，则由主持人介绍重要参会人物，省去参会者的自我介绍环节。

我们可以参考"经典六问"进行自我介绍。

沙龙经典六问：

① 我是谁？

② 我来自哪里？

③ 我是什么样的人？

④ 我目前从事什么样的工作？

⑤ 我能给大家提供什么样的价值？

⑥ 我需要大家提供哪些帮助？

比如，笔者会这样进行自我介绍：我是殷中军，来自六朝古都江苏南京。我是一个乐于助人、喜欢分享、擅长个人品牌打造的演说家、作家。我现在是名社交电商创业导师，为想进行社交电商创业的伙伴提供辅导。我能帮助大家在社交电商创业路上至少少走3年弯路，有社交电商创业需求的伙伴可以联系我，我会尽我所能为大家提供高价值的服务。

(2) 互动分享

自我介绍结束后，参与者之间已经有了一定的了解，此时我们就可以进入互动分享环节了。

和大型培训会不同，沙龙除了分享知识，互动性更强。在分享时，主讲人除了分享干货，还要注意和场内观众进行互动，让参会者有机会发言，一来可以让参会者引起他人关注，有更多收获；二来参会者自身的分享可以为其他人提供价值；三来主讲人也可以从参会者的分享中收获经验，并将其融入自己的知识体系中。

(3) 招商零售

如果我们的沙龙包含招商零售环节，则分享要和招商零售分开进行。

进入招商零售环节后，要注意方式方法，为了增强招商零售的效果，建议安排辅讲人作为客户见证或代理见证，这样对产品、招商政策的宣传效果要好于主讲人自己直接宣传。

(4) 总结内容

互动分享结束后，我们要对沙龙内容进行总结，一来可以起到复习巩固的作用；二来也让参会者觉得今天有收获，对得起今天的时间付出。

活动结束后，我们可以将总结的内容和合影的照片以图文的形式发布到微信群和朋友圈中，作为宣传。

6. 转发预告

在沙龙总结环节结束后，我们借着参会者对我们的分享怀着感激之情时，请他们帮忙转发下次沙龙的活动预告。

我们将要转发的邀约文案提前准备好并发到微信群中，然后让大家帮忙转发朋友圈即可。

为了表示感谢，我们可以在微信群中发一个红包，红包不在于金额大小，而在于心意。

7. 拍照留念

活动结束后要拍一张集体合照。

很多人觉得拍照意义不大，其实不然。作为主讲人需要将照片发到朋友圈宣传自己；主办方也需要集体照宣传本次活动，为下次活动造势；参与者如果认可主讲人的分享，也渴望和主讲人一起合影留念。

拍照时要有背景墙，背景墙可以是宣传的横幅，也可以是宣传海报，要让第三方看到合照时知道我们本次举办的具体是什么活动，感兴趣的人可能会向自己的朋友咨询，对我们的活动也是一次宣传。

8. 聚餐

聚餐环节视沙龙举办的时间而定，如果是上午举办的沙龙，活动结束后可以让大家共进午餐；如果是下午举办的沙龙，可以让大家共进晚餐；如果是晚上举办的活动，很多时候会没有聚餐环节，但有些参与者可能会自发组织去吃夜宵。

如果时间允许，建议增加聚餐环节，通过聚餐可以增进参与者之间的感情，有些举办方还会利用聚餐环节再做一轮成交。

聚餐费用采用AA制最好，这样大家都能接受。当然，聚餐本着自愿原则，有些参会者因为有安排或者不愿意聚餐，我们也不能勉强他们。

9. 复盘提升

沙龙结束后，举办方要组织工作人员对本次沙龙进行一次复盘。

在复盘时，我们需要重点思考四个问题：

①我们举办本次沙龙的目的是什么？
②沙龙结束后是否达到了目的？
③沙龙活动过程中有哪些亮点？
④沙龙活动过程中有哪些需要改进、提升的地方？

10. 沙龙实施流程案例

上述是线下沙龙的关键环节，这里给出一个具体案例供大家参考。如表

6-1所示。

表 6-1

\<td colspan="5"\>沙龙流程				
时间	活动环节	内容	物料	负责人
13:00~13:30	入场	签到、入场暖场音乐	签到本、签到笔、抽奖箱	产品师
13:30~13:40	企业文化展现	视频宣传片	企业宣传片	音控,主持人
13:40~13:45	主持人开场白	介绍沙龙内容、嘉宾阵容、奖品设置	礼炮2根	主持人
13:45~13:50	主办方致词	致感谢词	感谢稿	主持人
13:50~13:55	节目	员工节目		
13:55~14:00	抽三等奖10名		抽奖箱	主持人
14:00~14:10	主持人互动引导	暖场	小公仔	主持人
14:10~14:15	快乐分组	分成4个小组		主持人
14:15~14:40	主讲老师分享		鲜花1束	主讲老师
14:40~15:00	主题分享:××××			主讲老师
15:00~16:10	快乐游戏:××	顾客参与		主持人
16:10~16:20	老客户分享	分享产品使用体验		主持人
16:20~16:25	抽二等奖2名			
16:25~16:40	成长分享:主持人促单	促销政策、现场加盟政策	促销政策PPT	团队领导人主持人
16:40~16:45	抽一等奖1名			
16:45~16:50	评选优胜组、发奖品			主持人
16:50~17:00	聚餐	试用、跟单		员工

因为本书篇幅有限,本来近两万字的《线下沙龙成交手册》只得拿掉。该手册详细阐述了举办沙龙的各个环节,其中包含很多工具包,能帮助你举办一场高质量的成交型沙龙,提升沙龙邀约率、成交率。有需求的读者朋友可以关注微信公众号"社交电商悦读"获取。

6.6 私域流量的裂变过程

如果将流量池比喻为鱼塘,那么裂变私域流量的过程可以表示为图 6-1 所示的几大环节。

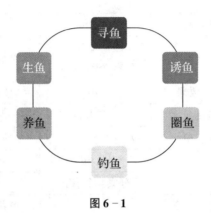

图 6-1

图 6-1 的环节对应的过程是:引流→拉新→留存→促活→成交→裂变→持续成交。

1. 寻鱼

"寻鱼"之前,要做好客户定位,就是在引流之前,先明确你的目标客户,画出其精准的画像。可以根据以下步骤明确你的目标客户。

①你销售的产品是什么?
②你的产品的目标客户是哪些人群,有哪些属性?
③你的目标人群经常出现在哪些场合?

2. 诱鱼

确定好目标客户之后,使用一套引流方法将鱼儿引流过来。具体可以用以下一些措施来"诱鱼"。

(1) 打造吸粉产品

吸粉产品就是你能为粉丝提供什么价值和好处，让他愿意加你。好的吸粉产品具有大众、刚需、相关性等特点。

常用的吸粉产品有：文章、录音、表格、电子书、入群听课的资格、产品体验装等。这些产品有个前提，那就是对目标人群要有用。

(2) 引导行动

做好前几步之后，我们需要通过行动指令引导目标人群行动。

引导行动的场景主要分为线上与线下。

①线上：传统网站、抖音、小红书等各种社交平台。

②线下：地推、活动、线下沙龙等。

引导行动的表现形式以图文为主，有时候还可以是音频、视频、现场讲话。

你要组织好吸粉文案。提到写文案，很多创业者可能比较头疼。为了让你轻松写出能让目标粉丝立刻行动的文案，笔者教你一个写作文案的模板，你只需要套用它即可。这个模板涵盖了吸粉文案的三个要素：细分人群、行动指令、具体好处。

比如：想打造私域流量池的朋友请注意啦！加××老师微信，说×××推荐，马上可以领取一套实践证明很有效的《私域流量裂变指南》！

这个吸粉文案便包含了上面提到的三大要素：

①细分人群：想打造私域流量池的朋友。

②行动指令：加××老师微信，说×××推荐。

③具体好处：领取一套实践证明很有效的指南。

(3) 广开吸粉渠道

在上述基础上，我们就可以广开吸粉渠道了，即找到我们的目标鱼塘，粉丝经常出现的地方便是我们的目标鱼塘。明确了目标鱼塘，我们才知道要将吸粉产品投放到哪里。

常见的目标鱼塘又分为公域流量池和他人的私域流量池。

公域流量池：

①阿里系：淘宝、天猫、支付宝等。

②百度系：百度贴吧、百度知道、百度文库等。

③社交网站：宝宝树、妈妈圈、小红书、妈妈网等。

④网络电台：喜马拉雅、荔枝 FM、蜻蜓 FM、企鹅 FM 等。

⑤视频平台：爱奇艺、腾讯视频、优酷视频等。

⑥短视频 App：抖音、快手、腾讯微视等。

⑦微博：新浪微博、腾讯微博等。

⑧线下：商场、超市、公园、校园、公共场所等。

他人的私域流量池：

①腾讯系：QQ 群、微信、微信群、公众号等。

②线下：聚会、读书会、线下沙龙、线下培训等。

为了提升吸粉的效果，我们还需要做好以下几步：

第一步，梳理出目标渠道。针对不同的渠道，设定不同的福利，设计相应的吸粉文案。

第二步，做好规划。规划好你打算从这些渠道分别吸引多少粉丝。

第三步，不断测试。做好规划后，你要不断去测试引流的效果，重点测试这几点：哪些文案吸粉效果更好；哪些渠道引流性价比更高；哪些渠道引流更精准、更适合你。

第四步，聚焦在某些渠道。通过测试确定了哪些渠道更适合你之后，你可以将力量集中在这一个或几个渠道上，而不是广撒网。

3. 圈鱼

吸引过来的鱼，需要在我们的私域流量池中圈养一段时间，然后等待合适的时间再进行转化、成交。

在"圈养"的这段时间内,为了保证鱼儿不流失或成为"死粉",我们可以采取一些措施来提升用户留存率和活跃度。

①社交互动。
②积分打卡。
③定期举办活动。
④定期赠送福利。

上述措施的本质是,为粉丝和用户提供有价值的内容和服务。

4. 钓鱼

对于吸引来的粉丝,只有让他对你产生信赖感后,才能实现后续的转化和裂变。

可以从专业度、事实见证、品牌实力、从业经验、学会造势、做好服务等方面来培养和社交好友、客户之间的信任。

(1) 专业度

专家为什么受人尊敬?是因为在我们心中专家很专业。同样,和客户交往时,我们要体现自身的专业度,专业度包括专业知识、专业形象两方面。

①专业知识。掌握相关产品知识,在客户或代理商心中成为一个专家。
②专业形象。专业形象包括个人形象和微信朋友圈形象。个人形象:注意仪容仪表,重视社交形象。微信朋友圈打造主要从以下几个方面着手:微信头像、微信昵称、标签、个性签名、朋友圈封面相册。

(2) 事实见证

一般人都只相信自己看到的东西,因此我们要通过向客户展示各种见证,赢得客户的信任。

具体而言,主要展示以下见证:客户见证、专业证明、荣誉证书、获奖证书、权威背书、公益证明、产品的检测报告、品牌的官方认证报告、产品合格证、与名人及大咖的合照等。上述内容,可以用文字、图文、视频形式呈现出来。

事实见证是你的成交工具，你可以将上述资料整理成数据包，遇到各种销售成交场景，都可以拿出来给对方看，讲到哪里，见证看到哪里，直到成交。

（3）品牌实力

如果是个人，可以向粉丝展示：个人形象、个人魅力、所获奖项、参与的活动、出版的著作、演讲讲课场面、团队人数等。

如果是企业，可以向粉丝展示：资金实力、员工实力、业绩实力、品牌实力、办公环境、办公福利、政策扶持等。

（4）从业经验

我们去医院就医时，都喜欢找老医生诊断。为什么？这是因为在我们心目中，老医生从业经验丰富，技术水平要高于年轻医生，会帮我们更好更快地解决问题。这就是从业经验带来的好处，它能帮从业者快速建立在客户心目中的信赖感。

私域电商可以向潜在客户、代理商展示自己的从业经验，将自己打造成为专家。比如，我们可以为自己设计一个标签，加深客户对我们在该方面的认知和印象："专注女性健康领域 6 年"，或者"拥有社交电商创业经验 5 年，社交电商、新零售、社交新零售的研究者、开拓者"。

从业经验具体包括：从业年数、服务客户数、团队人数、年业绩等。

（5）造势

定期参加一些重要活动，如行业大会、培训等，多拍摄一些照片、视频，定期发布在朋友圈中，这样的你更容易获得粉丝信任，因为人们会觉得有资源、有影响力的人更值得信赖。

（6）做好服务

做好服务的方式有很多，你要结合自己的实际情况来定。在讲课过程中，你解答问题和不解答问题，会产生截然不同的结果。比如，你在一个微信群中,作为一名导师进行了分享,分享完就一走了之,这样分享效果会很差。但如果你学会在分享完后跟学员讲一句话:"亲爱的家人,我相信今天晚上给你分享的主题能帮助到你,我知道有很多伙伴对部分内容可能还存在疑问,所以我决定在这陪大家半个小时,大家有什么问题,请发布在群里,我一一进行解答。"

你觉得这样的老师好不好?你觉得这样一个团队的创始人好不好?你觉得这样的一个品牌方值不值得你信任?消费者的疑虑一旦解除,他便会痛痛快快付款。顾客之所以不愿意买单,是因为他仍有疑问,你连解答问题的机会都不给对方,他怎么相信你?

5. 养鱼

当你持续为用户提供优质的产品和服务时,就可以提升客户的满意度和体验感,建立用户的好口碑。此时客户会持续复购,你可以用心服务好老客户,充分挖掘其终身价值,将其价值最大化。

同时,因为建立了好口碑,用户会自发地分享并推荐新用户,借助社交传播,你的用户将会裂变。

"养鱼"这一环节是要打造好IP。对于个人而言,就是塑造和运营个人IP;对于企业而言,就是打造企业的IP,提升品牌的影响力。

6. 生鱼

所谓"生鱼",就是借助连环裂变,实现粉丝的一度裂变、二度裂变、三度裂变,这将大大提升你的流量倍增效率。连环裂变其实是在充分挖掘、放大粉丝的价值。

主要通过利益驱动让第一批粉丝成为你的种子粉丝,然后自动自发地转发你的吸粉文案,或者为你推荐新的粉丝。

6.7 私域流量裂变的四大终极秘籍

这四大秘籍偏向于"道",但"道"有时候却有着一种独特的生命力。

秘籍一，三人行必有我师。

每个人身上都有很多值得我们学习的东西，当你为引流发愁时，你不妨和团队伙伴多交流，把你的方法分享给对方，也向对方请教引流方法。

三人行必有我师。移动互联网时代，时间最宝贵，我们完全可以通过互相分享、多向人请教、以他人为师，来快速发展自己的社交电商事业。

秘籍二，为什么做比怎么做社交电商更重要。

很多人经常会问社交电商怎么做，但笔者想告诉各位社交电商朋友，为什么做社交电商远比怎么做社交电商重要得多。

技巧是可以学的，但做社交电商背后的动力却并不好学。因为做社交电商过程中你会遇到很多困难和挫折，如果你没有强烈的创业动力，这些困难和挫折很容易打垮你，让你放弃做社交电商。当你有了强烈改变自己、主宰自身命运的动力，你自然会主动去摸索、学习做社交电商的方法。

我们的社群中有个做社交电商朋友，做社交电商之前是个全职宝妈，几乎与社会脱节了，连和人的交流都成问题。刚开始做社交电商的时候也没有人教。但就是这样一个宝妈，现在有了自己的团队，条件极其一般的她为什么能把社交电商做大做强？因为她有着强烈改变经济状况、改变自身命运的渴望。所以在没有办法加人的时候，她会跑到大街上见人就加，会到小卖部加店主……靠这些笨方法，她积累了自己的第一批微信好友，后来这些微信好友中很多人成了她的顾客和代理。

当你极其渴望做成一件事时，你会想出无数种方法做成它，那些所谓的引流技巧、爆粉秘籍在这种强烈的渴望下都不算什么。

当然并非说引流方法不重要，笔者只是想说，和方法相比，做社交电商的动力才是支撑你不断走下去的重要源头。

秘籍三，一招鲜吃遍天。

很多社交电商朋友学了很多引流方法，但不会用，或者很少用，那学的再多意义都不大。笔者不建议社交电商朋友什么引流方法都去学，学那么多还不如学会几招真正有效、真正适合自己的吸粉大法,将这几招用会、用透,再分享给自己的代理伙伴们,这样效果更佳,你的社交电商事业必然会突飞猛进。

秘籍四,掌握专业的销售技巧。

无论在什么时代,如果你想将资源迅速变现,都得学会销售,即使吸粉引流也是如此。对于吸引来的粉丝,将他们转化为客户或代理对你的事业才有意义,此时你需要运用适当的销售技巧来转化他们。因此,平时多看些销售书籍,学习一些销售的知识不是坏事,万一哪天你做了业务员或者自己创业,这些销售的知识就能派上用场了。

但做销售也要学会借力、借助工具,学会总结和升级。我们将销售按照方式主要分为两类:服务型销售和专家型销售。前者就是不断为客户提供贴心周到的服务,在建立足够的信任后,让对方因为对你的产品和服务满意而下单。后者则是靠你的专业知识和权威吸引对方购买你的产品。

这两种销售方式各有优势,你选择适合自己的方式即可,笔者倾向于后者。

因此,我们在本书中反复强调创业者要打造个人品牌及影响力,因为通过专业度、影响力去创业会更容易、轻松,而且你的影响力可以积累,积蓄到一定程度后甚至可以爆发,此时你可以收获普通人极难获得的回报,甚至实现财富自由。

Chapter Seven

第 7 章
社交电商极速裂变之路：
社交电商如何迅速裂变渠道

▼

对于社交电商平台的从业者来说，做好社群的运营是其迅速裂变渠道的关键。这其中涉及团队伙伴的入门培训、顾客的维护、社群气氛的活跃、转化率的提升等内容。

如何借助社群运营工具提升社群的运营效率和效果，提升渠道的裂变效率，是这部分的重点内容。

7.1 如何高效做好新店主入门培训

新店主的邀请人对新店主进行初次培训，一来可以帮助新店主尽快入门；二来通过邀请人对他的培训，双方可建立更深的关系，新店主对邀请人的认可度更高，黏性更强。

具体有以下几个方面。

1. 基本注意事项

（1）加强店主培训新店主的意识

很多团队并不重视形成以及传承"以老带新"的文化，因此老店主对新店主并未形成培训的习惯，也未起到领路人的作用。

我们在做团队培训时，要增强老店主"以老带新"的意识，同时将老店主培训新店主的方法、框架流程化、标准化、系统化，形成文档资料，培训完之后发给老店主。有新店主加入时，老店主只需要按照流程依葫芦画瓢，培训完新店主后，再将相关资料及流程复制给他。

（2）如何接待新店主

①老店主加新店主的微信后打个招呼："××，欢迎加入××品牌！很高兴认识你。"

②随后进行简单的自我介绍，让对方也自我介绍一下，加深彼此的了解。

③将新店主拉进店主群，让其添加本群管家（相当于平台给新人安排的教练）的微信，并将其备注名修改为"微信名+级别+邀约人"。

④要求新店主将群置顶,群里定期发布商品宣导、重要通知等内容。

(3) 让新店主成功开店

①教对方下载品牌App,并完成注册。

②发送品牌店铺运营流程的文档及视频,让新店主按照资料快速学会运营店铺。

③同时告知对方,遇到售后问题可以进入品牌App的售后区,简单的售后问题在该区域都有现成的解答,售后区没有相应答案的,可以在线联系客服人员,请他们协助解决。

④让新店主关注品牌的官方公众号,并告知对方公众号的具体作用,官方公众号上面有新手开店的详细介绍,并会定期更新资讯。

(4) 告诉新店主平台的赚钱方式及政策

分销模式的平台型社交电商的赚钱方式有两种:销售平台上的商品赚钱,发展新的店主获得奖励及差价。

如果对方赚钱的意向很强烈,则可以告知对方品牌的最新政策及成为店主、高级店主的权益,并将《新人成长手册》电子版发给他学习。

2. 教新店主如何经营朋友圈和建立分享群

(1) 经营朋友圈

朋友圈是社交电商的门面和线上店铺,需要精心打理。培训新店主要重视朋友圈的打造、朋友圈发圈的时间和内容、朋友圈文案的要点等重要内容,这些其实都是为了帮助新店主将自己的朋友圈打造成销售型朋友圈。

(2) 建立分享群

做好上述工作后,手把手教新店主快速创建分享群,告知建群的注意事项、分享的内容和节奏、提升群活跃度的技巧、提高转化率的方法等社交电商起步的重要知识。

3. 新店主如何开展邀约

（1）开展邀约的基本功底

在开始邀约之前，要先能熟练讲述以下几点重要内容：

① 清晰地讲述社交电商的定义、优势以及国家对它的扶持政策。

② 清楚地说出平台的强大背景（发展历程、投资背景）、合作伙伴等内容。

③ 清晰地讲述平台的商业逻辑和盈利模式。

④ 有条理地讲述加入平台后对创业者的好处，以及创业者如何借助平台创业赚钱。

（2）梳理朋友圈

教会新店主列名单。帮助新店主梳理朋友圈，对朋友圈人脉进行分类（如按亲戚、同学、同事、朋友、老师等分类），根据不同人群采用不同的邀约方法。

7.2 店主如何快速高效创建销售群

平台型社交电商的店主作为分销商，加入平台后需要创建自己的微社群——销售群，主要有以下几个要点。

1. 确定建群的时间

群发私信之后，准备创建销售群。

考虑很多微信好友上午上班时间比较忙，晚上下班回家后有很多事情，很难关注到你的邀请，因此建群时间放在中午、下午、晚上8点钟最佳。中午时间微信好友一般在休息，会刷下微信；下午通常没那么忙碌，也会有时间和精力关注一下微信；晚上8点钟之后一般会空闲下来。

2. 建群之前的准备工作

磨刀不误砍柴工。事先做好建群的准备工作，会让我们事半功倍。

①手机要充满电。

②微信里至少要有50元以上的零钱，用于发红包。

③将相关文案和图片编辑好，可以用石墨文档编辑。

3. 邀请哪些人入群

（1）朋友圈脸熟活跃的好友

因为微信群除你之外的前39人是可以直接拉入群的，这部分人喜欢分享朋友圈，你可以将他们直接拉入微信群，加上你已经有40人了，此时再拉些已经建立信任关系的好友。

（2）已经建立了信任关系的人

如亲朋好友、同学同事，对你有了一定的信任，这些人初期会捧场，有利于带动气氛，然后你可以对他们说你现在创业了，请他们支持你。

这部分大概有20~30人，此时你的微社群已经有了70~80个成员了。

（3）购买过产品的客户

将这部分人群邀请入群，邀请的时候告知他们，进群有以下好处，提升他们入群的意愿。

①可以持续获得产品的特卖信息。

②有不定时的返利活动。

③有专职的群主为群成员提供售后服务及反馈。

④在这个社群中，群友之间还可以互相交流。

（4）有潜在需求的人群

你可以将这些还未成交的潜在客户邀请入群。该如何判断谁是潜在客户？可以参考以下标准。

①点赞或评论过你的朋友圈的人；
②向你咨询过社交电商或品牌情况的，这部分人也是潜在的合伙人；
③宝妈群体，这些群体购物需求旺盛，尤其要重视。

将这些人群邀请入群后，通过群里的气氛慢慢影响他们，逐渐将他们由潜在客户转化为客户，后期在时机成熟后再转化为合伙人。

4. 群发邀约语

在建群之前，准备好邀约的话术，群发给微信好友。

群发内容：

您好，打扰一下，我是你朋友圈内的××，为了回馈微信好友，我即将建一个好物分享群。群里每天都会分享一些物美价廉的好物，邀请您一起共享。欢迎大驾光临。

群发完这条信息，即使是对你不怎么熟悉的微信好友，等你发链接给他时，90%以上的人都会因为好奇而入群一探究竟。

5. 修改群名称和发群公告

建群后要及时确定群名称，如"××福利分享群"等。

要设置群公告并告知群成员，以便群成员能够通过群公告了解本群更为详细的内容。但考虑很多人入群后不看群公告，因此可以在每次新入群3人后借助群助手软件@新入群的伙伴，欢迎他们入群，提醒其查看群公告并遵守群规。

群公告参考模板：

我盛情邀请大家加入我的××品牌店铺VIP客户群。

为节省你选货的精力，本群会不定时为你推送一些特卖和性价比很高的商品。

这些商品都是日常用品，每个家庭都用得上，包括饮料、鞋服、洗护、母婴、家居等商品。

种类齐全，所有商品全国（新疆、西藏除外）包邮到家，让你足不出户，享受好物。

请大家将本群置顶并设置"免打扰"，每天不定时进群看一看即可。

请你至少在群内待上一周，一周后你会爱上这个群。

6. 请求群成员帮忙拉人

号召进群的好友帮忙邀请他们的朋友入群，他们邀请的朋友因为已经与他们建立了一定的信任关系，因此这部分人也是潜在的客户。

很多社交电商平台要求代理建的销售群群成员在100人以上，因为100人是微信群的一道坎，少于100人，群气氛很难活跃起来，而且会有人因为群内人少而陆续退群，打击你的创业积极性。

此时，你可以在群里发一条信息：

大家好，平台要求我们的群必须要满100人，才能营业，请大家帮忙拉些自己的好友进群，将好物分享给他们。只要本群满100人，我就会发红包，或送礼品给大家，而且包邮哦。感谢！

7. 开始群内社交互动

群内的社交互动是必要工作，5个红包配合文案（含表情包）互动效果更好。

（1）第1个红包：2元红包分20份，配上相应的文案

感谢大家对我的支持！没抢到红包的朋友不要伤心，马上会有更多红包轰炸本群。下面我给大家介绍一下我为什么创建本群，以及本群的作用和福利。

（2）第2个红包：1元红包分10份，配上相应的文案

此时又分为两种：

其一，如果是基于淘宝、天猫、京东等电商平台的导购型社交电商平台，文案可以这样写：

大家经常会在淘宝、天猫、京东等平台上买东西吧？我现在建这个群就是为了帮大家在这些平台购物时省钱，这些平台上许多商家其实隐藏了很多优惠券，我们通过技术手段帮助大家获得这些优惠券，让你以更优惠的价格购物。

我们这个群的所有商品都是源于淘宝、天猫、京东这些平台，所有交易都是在这些平台上进行，请大家放心购物。

其二，如果是自有平台的社交电商平台，文案可以这样写：

大家经常会到淘宝、天猫、京东等电商平台上购物吧？告诉你一个好消息，现在有个社交电商平台，上面的东西和淘宝、天猫、京东等平台一样，但你在上面购物，可以"自购省钱，分享赚钱"。

(3) 第3个红包：1元红包分10份，配上相应的文案

本群分享的商品包括母婴、美妆、食品、家居、家电等大家日常会用到的商品。最重要的是，这些商品质量有保障，还能"自购省钱，分享赚钱"。

同时在群里分享一些大品牌、性价比高的商品的图片。

发完图片后，继续发文案：

像这样的宝贝我们的平台有很多，我每天都会为大家分享这些好物。

(4) 第4个红包：1元红包分10份，配上群规

我每天都会在群内为大家带来最新最好的福利，为了不影响大家，请大家遵守本群群规，有问题可以直接私信我。

群规模板：

【欢迎大家加入本群】

本群群规：

①本群每天都会分享质优价廉的商品；

②大家可以点击群右上角设置成"免打扰"状态；

③为了不打扰群友，本群禁止发广告、大图、链接，禁止刷屏。

(5) 第5个红包：2元红包分10份，配上相应的文案

大家也可以邀请身边经常网购的伙伴入群，他们在本群购物同样可以享受优惠。我们的目标是：帮助更多人实现"购物省钱，分享赚钱"。

当本群满100人后，我就开始分享好物，还会发大红包哦。

8. 邀请群成员做分享

可以定期邀请部分已经体验过产品且对你及品牌认可的群成员在群里做分享。具体需要注意以下几点。

①每期2~3人进行。

②分享使用产品的心得体会。

③重点突出产品质量有保障，而且"自购省钱，分享赚钱"。

④最好以讲故事的方式做分享。

⑤将成交的订单发布到群里，作为客户见证及证据。

9. 事先沟通好

在邀请好友进群之前要先进行简单的沟通，具体沟通以下内容。

①介绍你的品牌或平台具体的情况。

②邀请其入群的目的。

③他入群后能获得哪些好处，这部分要重点突出，只有让对方觉得与他有关，入群后能获得好处，他入群的意愿才会增强。

参考文案：

×××，我的小店铺，24小时营业。

里面有：日用、护肤、母婴、食品、家居、家电、鞋包服饰等。

一件包邮，每天都有特价和秒杀！

帮你省钱省到极致！

自助下单省心省力！

温馨提示：可把群设置成免打扰。

10. 注意事项

①私信微信好友时,可以先发个0.55元、0.66元这样的小红包,效果会更好。

②为了节约沟通时间,对于强关系的好友无须多解释,就说建了个福利分享或好物分享群,在群里可以"自购省钱,分享赚钱",具体内容在群里有详细介绍。

③遇到不会网购的好友也可以邀请其入群,一来他们身边肯定有会网购的好友,这是潜在的客户;二来,不会网购不代表不需要购物,他们很可能对我们这种购物方式很感兴趣,一旦教会他们网购,他们的购物频率通常会很高。

④遇到已经在其他社交电商购物群的好友,你可以告知本群有其他购物群没有的特色,用你的独特性打动他们。

7.3 店主如何提升销售群的活跃度

在分享如何提升社群活跃度之前,我们需要明确一点,社交电商销售产品属于社交零售,社交属性是其核心。在社交零售过程中我们需要花80%的时间和精力进行社交、互动、活跃社群,建立信任和维护关系,提升服务质量,20%的时间和精力则用于设计成交环节、流程,做好成交。当你做好前面的社交工作之后,成交是水到渠成的事。

7.3.1 提升社群活跃度的三大环节

早上、白天、晚上这三大时间节点是店主做好社群运营的关键环节,而在每个时间节点做的运营工作存在一定的差异。

1. 早上

每天早上,我们需要做好以下工作来活跃社群气氛。

(1) 道早安

上午6:30~9:00，发一张充满正能量的图片，向群友道一声"早安"。

(2) 分享价值

道完早安，在群里为群友分享有价值的内容，可以以天气预报、新闻头条、心灵鸡汤、健康养生的知识等内容为主，可以是其中一种，也可以是几种的组合。

(3) 发红包

发红包是激活社群、积累社群人气的法宝，见效快。红包的金额不要太大，份数根据群友数量来定，10~20份为宜。

我们可以通过红包名称来宣传我们的品牌或团队。以宣传品牌为例，红包名称可以为"××品牌，全球精品店铺""××品牌，正品保障，全国包邮"。也可以是我们主推的某款商品，如"明星减肥同款，红豆薏米祛湿茶""××面膜，全网性价比最高"等。

趁着群友抢红包时，开始在群里趁机进行品牌介绍，如明星代言、互联网巨头持股、品质保证等，加深客户对品牌的了解，并建立更深的信任。

2. 白天

推送产品信息时，按照特价、产品销量来选择推荐的产品。刚开始的时候每天不宜推送太多产品，宣传10~20款产品即可，并从其中选择两款销量不错、你主推的产品或者和你的客户群体比较匹配的产品，做全面介绍。

以红豆薏米祛湿茶为例：

110.9元30包！明星减肥同款红豆薏米祛湿茶！

无糖配方，补气补血去湿气

轻松减脂享"瘦"！调节亚健康

科学配比，谷物醇香

清甜回甘，控油去湿

独立包装，每天一杯，喝出好气色！

【京东正品】中茶红豆薏米茶祛湿茶

京东原价：610.9 元

现在只需要：110.9 元 30 包

京东链接：……

这样全面的介绍如果是在朋友圈宣传，关注的好友不会多，效果欠佳，但在社群中则可以针对目标客户进行多次宣传，效果更佳。同时你可以在群里为群友分享一下自己使用该款产品的场景和使用感受，图文、小视频都可以。小视频由于能看到你使用产品的动态过程，更容易让客户产生信任感，也更容易刺激他们的购买欲望。在分享的过程中，要像向朋友和家人分享好物一样，提升自己的亲切感，让客户就像在与自己的朋友和亲人交流，产生亲切感和信赖感。

3. 晚上

晚上到睡觉前这个阶段，可以提前介绍第二天要推的爆品、早餐档的链接，为第二天做预热。

如果遇到需要秒杀的产品，应该及时、多次通知大家，必要时可以群发私信。

7.3.2 提升社群活跃度的九大技巧

随着微信群的增多，以微信群为运营载体的社群活跃度成为社群运营的一大难题。本部分我会分享一些技巧，帮助你提升社群的活跃度和运营效果。

1. 发布群公告

向群友发布群公告可以提醒一些人查看通知，引起其对活动的关注。

但现在微信群太多，很多群友都有数十个甚至上百个微信群，很难及时关注群公告。虽然我们可以通过群公告提醒所有成员查看信息，但仍然会有很多成员忽略群公告，这时候该怎么办？

此时可以在发布群公告时植入"互动"的元素，比如说植入"看到请复制"等内容,一来会增加群友对群公告的关注度,甚至将潜水者引出"水面";二来群友有从众心理,看到其他人在群里复制信息,他们也会参与进来。但前提是你的群里要有你的铁杆粉丝,在发布群公告时他们能第一时间支持你,先做出复制的动作,这样才能引导其他群友一起参与。当然,这一招并非仅仅在发布群公告时使用,在群内发布通知等消息时同样也可以植入"看到请复制"这一招来提升群友活跃度及参与度。

此外,你还可以将这些群友复制消息的内容截图发布到朋友圈,用来为社群造势,吸引其他好友的关注。

2. 修改群名称

微信群名称是一个极好的广告位,我们可以通过修改微信群名称来吸引群友,提升活动的影响力及群友的参与度。

修改微信群名称有以下几种好玩又有效的玩法。

①将微信群名称修改为当天活动的名称。
②将微信群名称修改为"活动倒计时"。
③把微信群名称改为"某群即将有重大事件发生"。
④将微信群名称改为"重磅干货正在分享中"。
⑤搞一些趣味性更浓的玩法,如将微信群名称改为"你已被移出群聊" "你有99条未读消息"等。
⑥娱乐群友的玩法,如将微信群名称改为"你的暗恋者发来了新消息" "你暗恋的人原来也喜欢你""同时提到了你"等。

友情提醒:修改微信群名称是为了吸引群友的注意力,让他们查看群消息。但在活动结束后,需要尽快将微信群名称恢复原状,避免一些群友不知内情,自动退群。

3. 群发私信

除了微信群,我们在举办重要活动时还可以给群友群发私信,这一招是现在很多社群运营者经常使用的方法。

你可以给群友群发私信，让他看到私信后确认是否参加活动，或者在微信群里回复一句话，比如"收到私信，期待晚上8点钟的大事"，他们回复的信息在群里会引起其他群友的好奇及关注。

但群发私信需要控制频率，建议一周进行1~2次为宜，次数太多就变成了骚扰行为。

4. 借助电话、短信，电子邮件

微信时代，虽然大家使用电话、短信等传统联系工具的频率大大降低，但不代表传统的电话、短信营销就没有效果了。相反，正是因为微信使用太过频繁，而使用率较低的电话、短信倒成了一道"亮丽的风景"，反而容易引起群友的关注，提升通知效果。

除了电话、短信，电子邮件也是值得我们关注的一种通知工具。现在很多品牌将微信、电话、短信、邮件组合成一套系统的营销工具，全方位、多层次接触客户，以提升营销的效果。

5. 活动倒计时

在举办活动或课程培训时，通过活动倒计时的方法可以吸引大量群友的注意力。在使用活动倒计时这一招时，需要注意以下几点：

① 活动倒计时的频率。在活动开始前一周，每天发布活动倒计时，当天每隔3~4小时发布一次，并请群友回复"收到请复制"。活动即将开始，则可以加快频率，每隔15~20分钟发布一次活动倒计时，营造出紧迫感，同时也可以进行活动造势，吸引群友的关注。

② 倒计时的表达形式。文字倒计时、红包倒计时、群公告倒计时、收到请复制倒计时等表达形式都可以，具体方式根据社群运营者的喜好来设置。

③ 截图发朋友圈。每天将群内的活动倒计时截图发布到朋友圈，进行活动造势，吸引微信好友对社群及活动的关注，同时又宣传了社群及活

动，一举多得。

6. 开场红包热场

消费者在购物时，会出现两种心态：理性心态和感性心态。理性心态是指消费者会"精打细算"，明确购物给他带来的好处是否符合他的预期和购物计划之后才会做出购买决策。

感性心态则是指消费者受环境、群体的影响而做出的非理性购物决策。比如，在微信群中，本来消费者没有购物的计划，但看到群里面很多群友下单了，或者群里气氛刺激了他的购买欲望，他在冲动之下也跟着下单了。

在现实生活中，你会发现很多线下活动会通过音乐、主持人带动、鼓掌等方式来热场，这就是为了营造营销氛围，为后面的成交做准备。在微信群等线上平台举办活动时同样可以使用热场这一营销方式，营造群气氛，激发群友的感性心态，促进其购买。

在微信群中，最常用的热场方式是开场发红包。根据笔者的经验，哪怕微信群再沉闷，只要你连续发几个红包，群气氛就会热起来。在微信群进行红包热场时，需要注意以下几点。

①刚开始发的红包份数可以少一些，等参与的人数增多后再开始增加红包的份数。当参与的群友增多后，很多群友便会关注你的群，也开始参与到抢红包活动中。

②有钱有有钱的玩法，没钱有没钱的玩法。有钱，你的红包金额可以大点，红包份数可以多点；没钱也不用担心，那就少发一些红包份数。

③增加发红包的创意。发红包时要增加一些创意，让参与者觉得好玩，自然便会激发更多人参与。比如，你在发红包时，让红包雨组成一个字谜或脑筋急转弯，然后让大家猜答案。这会激发大家的好奇心，会有很多人急着猜答案，等时机差不多了，你再公布答案，公布答案时也可以采用发红包的方式。富有创意的玩法，其前提是你要洞察人性，知道群友对哪些内容感兴趣，然后根据这些点设计创意。

7. 群友签到

在举办活动或搞促销活动时，在发布活动通知或互动之前，都要进行群友签到，一来可以提升群友的参与度，二来从中筛选出铁杆粉丝。

常见的群友签到的方式如下。

①发一个小金额的签到红包。
②让在线的人回复"1"或者刷朵鲜花。
③发布一句与品牌或团队相关的话，如团队文化、团队口号。
④娱乐化的签到方式。让群友回复"我爱主持人""我爱老师"等内容，活跃群内气氛。

通过群友签到，可以激发群友的热情和激情，提升他们的活动参与度。随后，你可以将群友签到的场面截图发布到朋友圈进行造势，吸引朋友圈好友的目光并感染他们。

8. 红包引爆

红包引爆的方法有多种，常用的是红包雨，即群内不允许用文字、语音、图片等方式发言，只能用红包发言、回复信息。

使用红包引爆微信群后，将火爆的场景截图发布到朋友圈造势。此外，很多群友会自发截图发布到自己的朋友圈，这就引起了二次营销，促进传播。

9. 点赞通知

你发布一条与活动相关的朋友圈，然后私信群发给群友，让他们在这条朋友圈下点赞并评论。

点赞通知可以创建一个微信好友的集体点赞墙，一来场面宏大，用于造势很合适；二来下次再有重要通知时，你只需要在这条朋友圈的评论里发布消息，给你点赞的微信好友就可以接收到这些信息，通知的效果很好。

但切记，要控制好在评论里发布消息的频率，太过频繁会让点赞的好友感觉到被打扰，进而取消点赞、删除评论。

7.4 如何做好社群的运营及服务

很多创业者做了一段时间的社交电商后，有了自己的社群和客户，发现刚建群时人还比较多，活跃度也不错，但时间一久，很多群友开始退群，且活跃度也不如之前了，此时该怎么办？

下面分享几个适合个人型社交电商运营社群的技巧。

1. 红包致谢

客户首次购买产品后，我们要给对方发个小红包致谢，并附上适宜的话术，如："×××，你已下单成功，感谢对我的支持！请坐等快递小哥送货上门。××品牌，全国包邮，方便你我他。欢迎继续关注××品牌！"

发红包是个长期行为，我们可以从利润较高的产品中抽出部分利润用于发红包。

2. 用心观察

日常维护社群时，要仔细观察群聊，看群友有哪些需求。能及时满足的，请及时满足；无法及时满足的，等货上架后，在群里@对方，通知其货已到，如果他需要，现在可以下单。通过这些细节，让对方觉得我们很用心。

3. 晒单有奖

所谓晒单有奖，就是鼓励群友下单后在朋友圈晒单，发朋友圈的客户我们可以发个红包作为对他的奖励。鼓励群友晒单，一来可以提升产品曝光率；二来，如果客户晒单后有朋友咨询购买，我们可以借机引导他成为合伙人，当他发现成为合伙人门槛不高，还能赚钱时，他加入的意愿将大大增强。

4. 发送产品说明和使用方法

客户购买产品后，我们主动将产品说明、使用方法发给他，让其觉得我们很用心。细节会让你的服务更有效，进而提升客户对你的好感和黏性。

5. 跟进物流

看到待发货太久的订单要主动帮客户催发货。当物流到达客户所在城市时我们要主动提醒客户保持手机畅通，并请客户注意收货时检查包装是否完整，如有破损或发错货，请及时拍照并与我们联系。

6. 做好售前售后服务

售前售后服务是社群运营的重要手段。

（1）售前服务

为什么要提售前服务？因为如果你自己都不点击产品的页面去了解产品详情，连产品的生产日期、发货地点都不清楚，那么你将很难做好销售，想要你的社群活跃度高、下单率高几乎不可能。因此，做好售前工作很关键。

（2）售后服务

售后服务是客户能否复购及转介绍的核心环节，因此要重视售后的一系列工作，赢得客户的信任。如果遇到质量问题，客户需要退换货，我们需要态度诚恳，服务及时用心，平复客户的不满情绪，帮助客户及时处理好问题。让客户觉得我们及平台是值得信赖的，他们下次会继续购物，甚至转介绍客户。

发货时间是售后服务至关重要的环节。一般品类的产品平台发货时间通常是 24 小时内，但水果生鲜类的产品打包发货时间较长，需要 48~72 小时。物流运输方面，普通品类的产品一般选择中通、圆通、申通和韵达，需要冷藏的产品优选顺丰和京东，发货后客户 2~4 天可以收到货。这些都要提前和客户沟通清楚。

有一点需要注意的是，同一个产品拍了几份有可能会分开发货，这样的话，到货时间就会有一点差异。

如果是生鲜类的产品，其不像工业品那样高标准化，由于天气、物流等问题，会导致产品损坏，此时可帮客户找到售后，复制订单号，把快递面单和坏掉的产品拍照发给客服，按照损坏的比例退款赔付，无须退货。

遇到售后问题，我们要积极协助客户及时把问题处理好，增强客户对我们的信任。

7. 将客户转化为合伙人

对多次购物或有长期消费需求的客户，我们可以将其订单截图发给他，让对方看到其购物节省的费用。如果产品和服务让对方满意，他看到成为合伙人后不仅可以省钱，还能赚钱，就会心动，我们可借机激发他创业的热情。

8. 发放福利

我们可以定期进行抽奖活动，中奖的客户可以获得福利。这样做可以激发大家的热情和参与度，提升社群活跃度。抽奖福利可以控制在每周 1～2 次。

7.5 社交电商做好运营必备工具包

社交电商要想提升社群运营效率，需要借助一些社群工具。

7.5.1 内容发布工具

社群活动、宣传、经验总结、干货分享需要借助一定的网络平台发布，目前主要的社群内容发布平台和工具有以下几种。

(1) 微信公众号

在微信影响力极大的当下，公众号具有诸多功能，可以用于宣传社群、活动，发布社群文章、社群销售信等，还方便社群成员阅读和传播，进而扩大社群影响力，积累粉丝，并进一步将其转化为社群成员。

社群如何借力微信公众号？主要通过以下方式：

①社群干货文章。定期更新与社群主题有关的干货文章，这些文章可以是原创文章，也可以是转载的文章。

②社群活动文章。这些文章可以是提前为社群活动做预热造势，也可以是社群活动的回顾和总结。后者需要注意文章的时效性，最好是社群活动结束后当天发布，如果时间太紧，可以晚1~2天再发布。社群活动文章以图文形式为主，也可图文结合活动视频。

③社群销售信。社群销售信是为了宣传社群，并将读者转化为社群成员。因此销售信的作者需要具备营销思维。

（2）微信朋友圈

微信朋友圈是宣传社群的重要渠道，发布与社群相关的内容时，要注意朋友圈销售型文案的写作，好的朋友圈文案既吸引人阅读，同时又能提升传播率及转化率。

微信朋友圈发布的主要形式如下：

①朋友圈文案+公众号文章。

②朋友圈文案+活动照片。照片主要是社群活动的照片。

③朋友圈文案+精美海报。

④朋友圈文案+H5。H5尤其适合重大活动的宣传及报名。

（3）微信小程序

小程序可以与公众号配合着使用，可用于打卡、销售社群课程等，也可用于前端引流。

（4）自媒体号

笔者的社群除了开通微信公众号，同时也申请了搜狐号、百家号、企鹅号、头条号等其他网络平台的自媒体号，同一篇文章可以同步发布到上述自媒体号，扩大文章的传播渠道及影响力。

同时登录这些自媒体号并发布文章，工作量的确不小，要花费不少时间，一开始笔者也比较头疼，但后来找到了方法。

自媒体号管理专家微小宝解决了笔者的管理难题，在上面可以编辑文章并同步到上述自媒体号，而且你还可以在该平台在线搜索图片，直接插入到文章中，非常方便。

但现在的微小宝专注于微信公众号的管理和维护，原先的多个自媒体号管理平台已不再维护，那怎么办？还好，简媒、自媒咖、新媒体管家 Pluse、乐观号等自媒体多发管理平台能帮你解决上述难题。

（5）微博

微博与微信、自媒体号等网络平台形成一个自媒体矩阵，成为社群的宣传媒介。它比较适合发布社群的活动信息，宣传社群，引导用户转发，占领同领域粉丝的心智，扩大社群的影响力。

7.5.2 社群分享工具

无论是群成员的内部沟通交流，还是社群内部分享干货，都需要借助一定的社群分享工具，常见的社群分享工具平台有以下几种。

（1）微信群

微信群是常见的社群载体及分享平台，使用便利，但百群同步需要借助机器人助手，且无法完整展示 PPT。

（2）QQ 群

QQ 群功能比微信群要多，且更为成熟稳定，而且还可以使用语音结合 PPT 的方式进行分享。

（3）直播类

YY 语音、一直播、斗鱼等直播平台可以进行社群分享。

（4）小鹅通

小鹅通为社群的运营和服务提供的工具有：小社群、活动管理、付费问答、社群打卡、作业本等。

（5）CCtalk

CCtalk 是沪江旗下的教育平台，具有课堂功能、课后功能、运营能力等三大板块功能，为讲师和学习者提供了一个双向选择的平台。课堂功能中最大的亮点是老师可以板书。

（6）千聊

千聊是公众号和社群增粉工具，同时还是知识付费时代老师分享知识、学习者学习知识、分销课程的平台。它有两个版本，一个版本是寄生于微信生态中，另一个版本则是自己研发的 App，前者可以借助微信的流量实现快速裂变，后者可以打造平台的私域流量，方便用户的留存。

（7）荔枝微课

与千聊类似，是同领域的竞争对手，各有特色。

7.5.3　活动报名工具

参加沙龙、聚会、年会等活动是社交电商生活的一部分，无论线上活动还是线下活动，有报名工具会更加便利。目前常用的活动报名工具有互动吧、活动行、活动会、报名吧等。

（1）互动吧

互动吧具有以下几大特色：

①活动主办方可以简单、高效地创建活动、管理活动、传播活动。
②让参与者更方便地找到活动。
③活动品类包括亲子、教育、创业、交友、大型论坛、行业峰会等。
④互动吧比较适合个人型社交电商使用。

（2）活动行

活动行具有以下几大特色：

①活动报名与售票平台。
②帮助主办方发布活动、管理活动。
③为参会者提供了丰富多彩的线上线下活动。

（3）活动会

活动会具有以下几大功能：

①便捷的活动发布。

②参会人员管理。

③活动现场管理。

④多渠道宣传。

⑤企业化的分工。

(4) 报名吧

报名吧是一款O2O活动社交工具，该平台具有以下特色：

①6秒内发起活动，并可以分享到社交平台。

②活动签到、参与人员管理、现场互动等。

③活动信息云端记录和存储。

④通过活动数据分析，举办方可了解活动效果、优化社群管理。

7.5.4 社群表单工具

常见的社群表单工具有以下几种。

(1) Group+表单工具

它除了可以用于自定义活动，还能导出活动数据。

已经填写过相关数据的用户无须再次录入信息，平台还能给提交信息的用户群发通知短信，提升活动通知的效果，让信息充分触达用户。

(2) 金数据

其数据分析功能很强，除了可以用于活动报名，还适用于社交电商的市场调查活动。

(3) 麦客

它是一款在线表单制作工具，具有客户信息处理、关系管理等功能，更适合企业或者组织用于活动报名。

7.5.5 社群打卡工具

知识圈、鲸打卡、小鹅打卡、小打卡等是常见的社群打卡工具。

(1) 知识圈

它是一款基于微信生态的培训打卡类小程序，拥有训练营、趣闯关、趣打卡等功能。

(2) 鲸打卡

它也是基于微信生态的作业打卡系统，与小程序无缝衔接。

四大课程类型：打卡课程、作业课程、解锁课程、专栏课程。

督学系统：打卡提醒、上课互动、作业展示留存、学习习惯养成、考试测评等，提升每个环节的转化率。

(3) 小鹅打卡

由小鹅通研发，也是基于微信生态的助学引流工具。

它具有日历打卡、作业打卡、闯关打卡等不同场景的打卡功能，提升课程完课率。

它还通过打卡证书、打卡奖学金来激励学员，让学员爱上学习。

打卡日签、打卡长图、打卡排行榜等玩法有助于积累社交口碑，促进学员的自主传播。

(4) 小打卡

它针对出勤情况、考勤轨迹、上下班打卡、规则设置等需求设置功能，可以提升社群活跃度，方便社群的运营和管理。

7.5.6 社群管理工具

社群管理工具应用得比较多的是 PC 端的 WeTool，可以进行微信群管理，还可以批量加粉。其企业版具有群精华、子账号管理、CRM 系统、多群转发等功能。WeTool 的主要功能板块如图 7-1 所示。

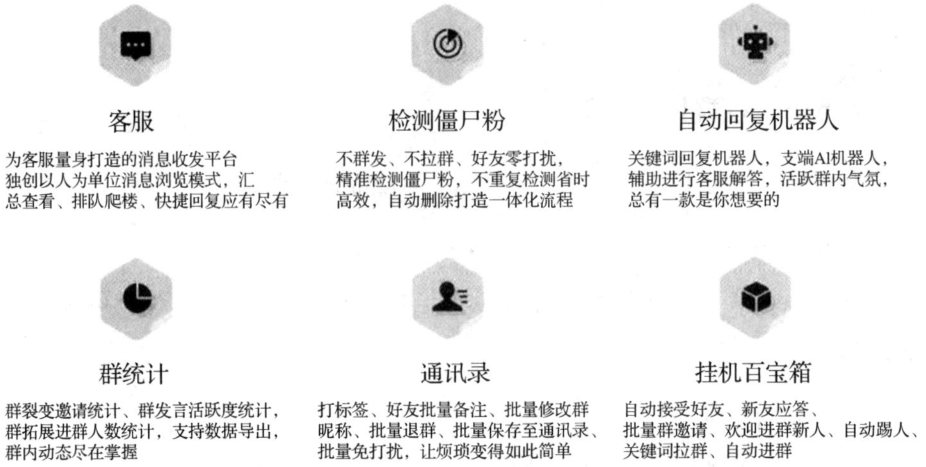

客服　　　　　　　　检测僵尸粉　　　　　　自动回复机器人

为客服量身打造的消息收发平台　　不群发、不拉群、好友零打扰，　　关键词回复机器人，支端AI机器人，
独创以人为单位消息浏览模式，汇　　精准检测僵尸粉，不重复检测省时　　辅助进行客服解答，活跃群内气氛，
总查看、排队爬楼、快捷回复应有尽有　　高效，自动删除打造一体化流程　　总有一款是你想要的

群统计　　　　　　　　通讯录　　　　　　　　挂机百宝箱

群裂变邀请统计、群发言活跃度统计、　　打标签、好友批量备注、批量修改群　　自动接受好友、新友应答、
群拓展进群人数统计，支持数据导出，　　昵称、批量退群、批量保存至通讯录、　　批量群邀请、欢迎进群新人、自动踢人、
群内动态尽在掌握　　　　批量免打扰、让烦琐变得如此简单　　　　关键词拉群、自动进群

图 7-1

7.5.7　社群裂变工具

社群裂变工具主要推荐建群宝、爆汁裂变和进群宝。

（1）建群宝

它主要通过策划活动，吸引用户在朋友圈、微信群转发活动，进而帮企业引流涨粉。通过建群宝，可以实现高效建群，机器人助手自动发送信息，灵活分配二维码。

（2）爆汁裂变

这是一款社交化引流工具，具有爆汁群裂变、爆汁任务宝、爆汁个人裂变等几大服务工具。它具有以下几大特色：

①用户增长工具：采用裂变营销方式，裂变用户。
②用户增长小程序：具有拼团、分销等功能，可以帮助社群获客拉新，实现变现。

（3）进群宝

它具有以下几大板块：

①活码系统：固定活码，用户扫码进群，没有人数、次数限制。

②AI助手：批量化、自动化管理社群。

③群拉手：可以快速创建500人微信群，提升社群运营效率。

④付费群：帮助沉淀付费用户，帮助社群变现。

7.5.8 社群变现工具

常见的社群变现工具有以下几种：

（1）微众筹

功能介绍：公众号向粉丝发起众筹活动，粉丝可以无偿支持项目发起人，也可以通过按众筹优惠价格购买商品的方式来支持项目发起人。商家通过PC端后台设定不同的众筹项目，粉丝利用微信参与活动。

解决问题：基于朋友圈的强关系，依靠粉丝的力量，让活动达到病毒式传播，吸引更多人的参与，起到快速筹集资金的作用。

（2）微砍价

功能介绍：线上互动式促销，商家设好底价和砍价截止时间，用户以分享的方式请亲友帮忙砍价，争取砍到商家设置的最低价。砍价时间到，活动停止，不能继续砍价。粉丝可以根据朋友们帮忙砍价的结果，直接下单购买产品。

解决问题：以零成本的方式进行品牌宣传和产品销售，大大降低了商家的销售成本。

（3）微秒杀

功能介绍：用于爆品销售，以极低的价格吸引用户参与。设置商品开售时间，参加秒杀的用户可邀请好友帮忙，协助自己在开售时间节点前进场，获得以极低的价格购买爆品的机会。

解决问题：提升曝光率，引发广泛关注，同时促进商品的销售。

（4）微拍卖

功能介绍：粉丝限时竞拍抬价，出价最高者获得商品购买权，通过线上拍卖，参与者可以体验到线下拍卖的乐趣和刺激。

解决问题：事件营销，通过活动本身提高粉丝参与度和社群活跃度。

（5）优惠券

功能介绍：针对会员用户的卡券，持卡用户在获取优惠券后可享受相应的优惠。

解决问题：用优惠券代替礼品，与用户进行二次互动，挖掘潜在客户。

（6）摇钱树

功能介绍：用户通过将它分享给好友来获得金币，有了金币便可以拥有通过手机摇一摇获得奖品的机会。分享越多获得的金币越多，摇一摇的次数也随之增加，即可实现病毒式传播。

解决问题：通过活动促销可以获得粉丝，适合缺乏粉丝基础但仍然想尝试变现的社群。

（7）优惠接力

功能介绍：适合店庆、节假日促销等给粉丝发放优惠券的场景。用户滑动手机屏幕上的图案，便可获得优惠，且优惠与滑动速度成正比。用户将活动分享给好友，可以获得更多优惠，进而可以用优惠价购物。

解决问题：与传统直接发优惠券进行促销的方式相比，这种方式更具参与感和趣味性。

（8）电子会员卡

功能介绍：该卡基于微信商城，内嵌积分系统、信息系统、会员积分及分级功能，支持线上微商城和线下实体店铺"刷卡"消费，适合实施会员制的线上线下的商家。

解决问题：消除因为实物会员卡带来的各种问题。

（9）优惠二维码

功能介绍：该种优惠促销工具基于微店，根据需要，店内的每种商品都可生成不同优惠程度的二维码。

解决问题：微店未举办统一促销活动时，或者商家只想对某种商品进行促销，或者是在某个时间段内针对部分人群进行促销，优惠二维码便可以灵活实现这一切。

第五篇

社交电商如何才能做好团队培训，快速发展团队？

团队裂变

Chapter Eight

第 8 章
社交电商极速裂变之路：
如何让你的团队快速从 0 到 1 万

▼

活鱼逆流而上，死鱼随波逐流。

没有斗志、缺乏自信的社交电商，无法吸引团队伙伴加盟。一个优秀的品牌方、团队领袖要能自我激励，还要会激励团队，这样方能裂变团队。

裂变团队需要做好教育和服务，两者缺一不可。有智慧的品牌方、团队领袖知道如何通过培训激励士气、倍增业绩，借助服务安抚军心、凝聚人心。

8.1 如何快速开发 1000 名种子客户和店主

通过列名单。没学会列名单之前,你一年可能只能赚 10 万元,但学会这套列名单的方法之后,你每年可以赚到 50 万元甚至 100 万元以上。

把握好以下几点,你将学会如何快速列名单,并开发出 1000 名种子客户和店主。

1. 何为有效的名单

有效的名单也可以称为客户档案,包括以下一些信息:姓名、电话、家庭住址、职务、经济状况、家庭情况、个人爱好等。

客户档案越详细,你的收益将越大。因为如果你对你的客户足够了解,知道客户的当下需求、潜在需求,甚至客户的家人和朋友的需求,那么你就可以根据这些信息,在合适的时间点,想办法说服其成为你的客户或合作伙伴。

2. 如何列名单

有人担心微信好友只有几十个人,人数太少。事实上,你完全不用将名单人数仅仅局限于现有的微信好友。

拿出纸笔,然后按照以下的原则开始列名单。

(1) 不做判官

先不要提前预判哪些人能成交,哪些人不能成交,而是将你想到的名单全部列出来。

先列出30人的名单，这样你的畏难情绪便会减少，对自己也会越来越有信心。

（2）区分名单

将本地好友和外地好友分开列在两份名单上，后期要用心维护好本地好友，并将他们作为合作伙伴的优先人选。

（3）列名单的方法

分享两种常用的列名单的方法：

方法一　分类法

这种方法适合最先的30人名单。

亲友（从近亲开始）

邻居（从近到远）

校友（从小学到大学）

同事

朋友

方法二　同学法

这种方法适合列出100~300人的名单。

分别列出幼儿园同学、小学同学、中学同学、高中同学等名单。

获取同学资源其实不难，现在很多班级都建了同学群，在群里可以很快联系到相关同学。如果你联系不到同学，可以找到你的班里最活跃或有影响力的人（KOL），通过他联系到其他同学。这个KOL可能是班长、团支书，也可能是一个善于联络关系的人。

3. 不断完善名单

完成比完美更重要。先列出名单的1.0版本，后期再不断完善升级，整理出名单的2.0版本、3.0版本。

8.2 快速壮大团队的八大核心秘诀

组建团队的关键是招募店主,如何快速发展店主是社交电商事业能否迅速做大做强的关键。我们根据多年的社交电商创业经验,总结出社交电商快速招募店主的八大秘诀,这些秘诀是很多大社交电商团队实践过确实有效的方法,帮助很多社交电商团队迅速实现了裂变。

1. 一对一招店主

一对一沟通有其独特的优势。

如果是第一次见面,可以先约他一起吃饭、喝茶,彼此加深了解。

一对一初步接触了解之后,他对你已经有了一定的了解和信任,后期再通过微信、QQ、电话等线上方式向他推荐事业机会。当然如果条件允许,线下直接当面推荐事业机会效果更佳。在推荐创业机会的过程中我们可以将公司介绍、品牌历程、产品资料、店主制度、各种见证等重要资料展示给对方看,提升转化率。

2. 借助ABC法则招店主

ABC法则是指新业务员在销售过程中,因对公司、产品尚不熟悉,需要借助上级或权威的指导,从而达成销售的目的。其中A指顾问、专家(Advisor),B指桥梁(Bridge),C指客户(Customer)。

ABC法则的本质是借力、借势,借上级、权威的力和势,这是我们成交时为了提升转化效果常用的一种方法。我们可以提前和上级或权威约好,由我们邀约客户,他帮助我们提升成交率。我们将意向客户邀约到约好的地点,地点可以是工作室、会场附近的休息室,也可以是一起吃饭的地方。我们负责维护好和意向客户的关系,上级或权威则帮我们解答客户的疑惑,促进成交。

使用ABC法则时要注意,我们借助的这个上级或权威,需要在团队里有一定的实力和身份,而且我们要提前向意向客户介绍上级或权威的专业性,这是 ABC 法则成功的关键。

3. 线上批发式招店主

一对一成交有其优势，但不足之处在于成交效率较低。如果我们想提升招募店主的效率和速度，可以采用线上批发式招店主的方法。

线上批发式招店主可以借助微信群，也可以通过直播。笔者常用微信群进行批发式招店主，帮助很多社交电商团队迅速扩大了店主规模。

线上批发式招店主的招商环节和线下招商会很接近，其优势是成本很低，只需要做好流程设计、执行好流程就可以通过极低的成本招募到很多店主，帮助你迅速裂变团队。

4. 通过朋友圈招店主

微信朋友圈其实是一个大鱼塘，里面有我们的众多好友。虽然平时很多好友和你互动不多，但有可能一直在默默关注着你的近况和变化。如果你的改变打动了他，他会主动向你咨询社交电商这个事业机会，被你吸引而来的意向客户远比你主动邀约的意向客户成交效果更理想。

那么，我们如何才能吸引微信好友主动接近我们并向我们咨询？

主要通过以下两方面来增加你的吸引力：

其一，你自己的改变。很多人只愿意相信自己看到的东西，当他看到身边的你由一个缺乏自信、没有魅力的人转变为一个充满魅力的成功者后，他自然会很好奇你是如何做到的。

其二，团队伙伴的变化。如果你本身就很有实力，熟悉你的微信好友可能觉得他很难跟你一样成功，这时候怎么办？我们可以经常在朋友圈中展示自己的团队伙伴跟着自己，如何实现转变的故事。

5. 通过沙龙招店主

沙龙是常见的招商方式，优势是成本低、方式灵活，是保险、直销公司的从业者发展团队的常用方法，也很适合社交电商线下招商使用。

我们可以以聚会的方式举办沙龙，人数控制在 10～100 人为佳。人数太少，没有气氛，降低效率；人数太多，场面不好控制，而且也会影响沟通、交流效果。

举办沙龙主要以联络感情、建立关系为目的，发展团队不是主要目的，但通过沙龙聚会建立感情、信赖感之后，我们可以为一对一招店主、招商会做好铺垫和准备。

6. 通过内训发展团队

内训的主题是培训，但可以包含招商的内容和环节。参与者包括店主及店主所邀请的意向客户。

由于内训成本较高，参加人数较多，因此内训前需要做好筹备工作，包括确定内训讲师、制定流程、确定人员分工、设定目标等。

内训的重点主要包括分享社交电商干货、提升团队凝聚力、激励团队士气等。招商型内训还要让意向客户感受到品牌和团队的实力，感受到好的团队氛围。当然，招商型内训的重心要放在成交环节的制定上。

7. 联动招商

联动招商的规模较大，其主题是社会活动，外在是展示团队和品牌的综合实力，目的也是为了招商，通常由品牌方主办，或者团队联合举办，主要活动包括明星见面会、颁奖典礼等，但现在很多品牌的联动招商往往包含社会公益环节。

8. 全国招商

这种招商规模很大，一般由社交电商品牌方主办、各团队承办。参与者包括各团队的店主、店主所邀请的意向客户。招商会的重心在于展示品牌实力、发布新品，通过招商流程成交意向客户。

招商会和招商型内训会的招商环节相似，但招商会的流程更详细。在举行招商会之前需要制定好详细完善的流程，并在举办之前完整路演一遍，以保证招商会流程的顺利进行。招商会成功与否，与招商会流程环节的制定合理度、招商讲师的实力、执行度密切相关。

8.3 如何转化其他品牌的经销商

所谓转化经销商（不同平台也称为：代理、店主、团长、分销商等），也称为"挖墙脚"，就是将其他团队的经销商转化为自己的经销商。当然，这里的团队主要是指其他品牌的团队，同品牌通常不允许团队间互挖墙脚。

转化其他品牌经销商，是人才竞争领域中不可回避的问题。

8.3.1 转化其他品牌经销商的误区

身边有朋友抱怨团队长让自己去挖其他品牌的经销商，但不知道如何去"挖"，而且心里面总觉得"挖墙脚"有点不道德。

上面这个朋友的问题是社交电商从业者经常会遇到的，因此，转化其他品牌经销商时必须要理清一些"挖人"的误区，掌握正确的技巧，避免因为某些误区而陷入纠结中，影响自己的社交电商事业。

误区一，认为转化其他品牌的经销商不道德

在传统商业观念中，人们认为从其他企业或团队中转化经销商是不道德的。事实上，在社交电商的竞争中，转化其他品牌经销商的行为是一个很正常的商业行为。

首先，人才是最重要的资源，同样也接受市场规律的配置。只有通过市场自由竞争，让每个人到达最佳岗位，他们才能发挥最好的资源作用，为整个社会做出贡献，也让人才的价值得到应有的回报。

其次，通过转化其他品牌的经销商，不同的社交电商团队才会形成比较、竞争，这样，才能促进团队之间的优胜劣汰、自我进化。那些缺乏实力的团队，将会因为不够重视人才而落后甚至消失，真正尊重市场、客户与人才的团队，才会得到应有的奖励。

误区二，认为转化来的其他品牌的经销商留不住

另一种错误观念认为，转化来的人才难以留住，既然他今天能跳槽到这里，明天也会从这里跳走。

这想法听起来有一定的道理。实际上，社交电商领导者必须换一种角度来考虑问题：如果客户明天有可能跳槽，今天你会不会努力服务好他？答案必然是肯定的。

如果团队能够始终提供人才所需要的东西，他就会为了自身利益（包括情感需求）而留在这里。退而言之，即使将来有一天人才选择独立，他在团队的成长过程中，也必然会做出自己的贡献，远远强于缺乏人才、无人可用的状态。

因此，转化其他品牌的经销商并没有什么不道德，也无须担心留不住人才。只要不违背法律和基本的商业操守，为人才提供合适的平台，社交电商团队大可以加强人才流动，让团队与新生力量一起持续成长。

8.3.2 转化其他品牌经销商六部曲

如何转化其他品牌的经销商？

按照下面六个步骤去执行转化其他品牌经销商的计划，既能让团队受益匪浅，也可以确保人才在进入团队后迅速融入环境、快速成长。

步骤一，了解对方的工作价值观。

只有价值观真正接近的人，才能在同一个团队内完美配合。因此，在转化其他品牌的经销商之前，领导者需要不露声色，通过正面接触和侧面了解，认清对方是否具有与本方团队可以兼容的价值观。

步骤二，了解对方现在的工作情况。

不要只通过一个人的学历、业绩去了解他，最好成为他的客户，进入他的粉丝群，通过一段时间的接触，了解他的工作情况、生活情况。

步骤三，了解对方对现有品牌的满意点、不满意点。

熟悉之后，通过点滴接触，了解他们对现有工作环境存在哪些满意和不满意的地方。

一来对方也想找人倾诉内心的苦楚；二来可以让对方觉得我们愿意耐心听他的倾诉，对他很关心；三来了解了对方的内心想法后，便于后续工作的开展。

步骤四，放大不满意点，向人才指出其迫切需要做出的改变。

抓住人才对现有环境不满意的地方，强化其抱怨的效果，并分析其抱怨的来源。通过日复一日的刺激，最终让人才产生跳槽的动力。

步骤五，展示领导、团队、公司可以为人才提供什么价值。

当人才想要加入新团队时，利用帮助其分析的机会，展示你作为领导个人、整个团队以及更高阶层的公司，能够给人才带来什么。其中不仅要包含具体的物质利益、优惠政策，还要有发展资源、学习机会和职务头衔等。

步骤六，让人才产生充分的信赖。

最后，通过做出各种形式的承诺、列举之前的案例，让对方相信你，并确认新的社交电商团队才是让其个人未来利益最大化的发展平台。当有了充分的信赖之后，社交电商转化其他品牌经销商的行动就能事半功倍。

8.4 团队快速从0到1万的三大秘诀

社交电商团队如果想快速持续地裂变，从0裂变到万人团队，可以参考以下三个秘诀（见图8-1）。

秘诀一，三三复制裂变法：只用3个基础人脉

在诸多好友中，选出3名与你价值观类似的朋友，邀请他们加入你的团

队，这 3 人是你的核心代理，也是你的种子代理。然后再用同样的方法教会这 3 名核心代理复制你的方法，从他们的朋友圈中找出 3 名价值观与你们接近的好友，依此类推，按照这种方式裂变，你的团队人数很快就会从 1 人、4 人裂变为 13、40、121 人……

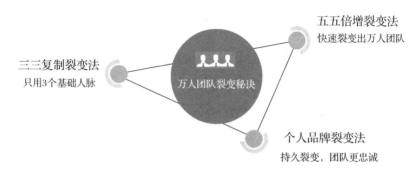

图 8-1

这种方法简单易操作，并且裂变速度很快，当你的团队裂变到几千人时，你只用了 3 个基础人脉，而你要做的就是培训好、服务好他们，教会他们复制你的方法，裂变自己的团队。

在筛选好友时，筛选的标准比前文提到的招募代理的标准更严，可以重点参考以下几点：

①认可产品。建议优先从顾客尤其是老顾客中进行筛选，因为这些客户已经使用过并认可你的产品，具有了转化为代理的良好基础。

②爱学习。因为社交电商项目需要创业者具备很多新技能，这些都离不开学习。

③爱分享。爱分享、会分享的社交电商更善于将事业机会传播给更多人，并吸引他们加入，成为合作伙伴。

④渴望成功。一个对成功没有太多欲望的人很难有持续的动力做社交电商，自然也很难做好社交电商。

⑤认可你。对你有一定认知并认可你的人转化起来相对容易，后期也会配合你的工作。

⑥有资源有影响力。既然是发展核心代理,当然优选你身边有资源、在某个领域有一定影响力的人,他们裂变客户及团队的速度要高于普通好友。当然,前提是你对他要有一定的影响力,让他认可你。

秘诀二,五五倍增裂变法:快速裂变出万人团队

这种方法与"三三复制裂变法"相似,不同之处在于,该种方法要求你先筛选出5个核心种子代理,在此基础上进行裂变。

在你的好友中,选出5个与你价值观接近的人,想办法转化他们成为你的核心代理,然后再将你的方法教给他们,让他们也找到5名价值观类似的朋友,开始裂变自己的团队。

筛选这些种子代理的标准可以参考"三三复制裂变法"。

五五倍增裂变法的具体操作方法如下:

①你加入××品牌。

②筛选出5名与你价值观接近的好友。

③转化他们成为你的核心代理,此时你的团队已有了6人。

④教核心代理列名单,找到5名价值观类似的好友,并转化为各自的代理,此时你的团队已有了31人。

⑤要求每名新代理各招5名代理,你的团队人数达到156人。

⑥新代理各自招5名代理,再次进行裂变,团队人数达到781人。

⑦新代理各自招5名代理,再次进行裂变,团队人数达到3906人。

⑧新代理各自招5名代理,再次进行裂变,团队人数达到19531人。

依此类推。

如此,你只需要进行6次裂变,便可以发展出你的万人团队。

秘诀三,个人品牌裂变法:持久裂变,团队更忠诚

微信有句宣传语:"再小的个体也是品牌。"21世纪是个体崛起的时代。个体如果想拥有更大的影响力和号召力,提升自己的价值,一定要打造个人

品牌。

　　社交电商要想做大做强，也要打造自己的个人品牌，成为一个超级社交电商。客户为什么要购买你的产品？代理商为什么要跟着你做社交电商？很大程度上是因为你这个人。当你成功塑造个人品牌后，你将吸引更多人成为你的客户，吸引更多人追随你做社交电商。

　　品牌化战略能提升产品和个人社交电商的价值，能带来更高的溢价，也能为客户和代理带来更高的价值感、更好的体验。当你成功塑造个人品牌后，你的粉丝、客户将崇拜你，此时你将他们转化为代理的效率更高，你的团队可以持续裂变。此外，因为他们认可你、崇拜你，所以对你的黏性和忠诚度要高于上述两种裂变方法发展的代理，你的团队的质量及稳定性将更高。

第六篇

传统电商、传统企业如何用新的成本结构、新的渠道通路，来低成本获客拉新、裂变流量、倍增渠道，并提升创富效率？

企业创富

Chapter
Nine

第 9 章
电商融合社交电商路径：传统电商如何转型社交电商新零售

传统电商需要迅速熟悉社交电商的打法，并实现线上线下的互通，以提高客户的体验质量，实现更高效率的运营。

9.1 社交电商与传统电商对比分析

与传统电商相比,社交电商具有以下优势。

1. 商家盈利能力

(1) 获客渠道

传统电商:随着传统电商红利期的结束,传统电商要获取流量,需要按照点击、浏览或获取数量来向电商平台支付广告费,其获客成本不断攀升。

社交电商:通过用户之间的社交分享、自传播获取大量社交流量,获客成本大大降低。

(2) 获客成本

来自艾瑞咨询的数据显示,传统电商在电商平台上的获客成本约占商家总收益的15%。社交电商在电商平台上的获客成本约占商家总收益的3%。

(3) 平均净利率

艾瑞咨询的研究数据显示,传统电商的平均净利率为6%,而社交电商的平均净利率达11%。

社交电商与传统电商盈利能力的比较如图9-1所示。

2. 经营对象

传统电商以货为中心,是人找货,其经营的是产品,销售原则是将一款产品销售给1000个顾客;社交电商以人为中心,是货找人,其经营的是用户,销售原则是向一个顾客销售1000遍货。

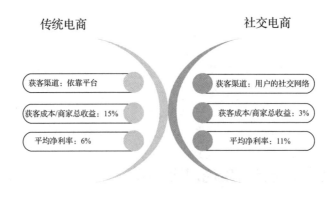

图 9-1

社交电商与传统电商的经营对象比较如图9-2所示。

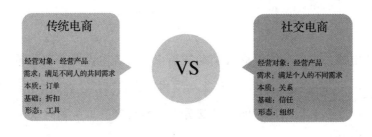

图 9-2

3. 成本结构

除产品成本外,传统电商的交易成本主要由营销成本、渠道成本两方面构成,而社交电商借助社交媒介,通过用户、代理的分享实现流量的获取及裂变,其主要运营成本是社交成本。

4. 流量模型

传统电商流量的获取符合"漏斗模型",随着平台商家的竞争加剧、产品同质化,其获取流量的成本不断增加。

而社交电商采取"裂变模型",借助社交网络来获取流量,其流量的增长属于裂变式增长,具有自生长、自裂变等特征,大大降低了获取流量的成本。

5. 用户生命周期

传统电商的商业模式采用的是用户转化模型,在生命周期内,用户仍然是用户,不存在合作关系。

而社交电商采用用户成长模型,在生命周期内,用户除了是客户,还可以成长为合伙人,与社交电商企业合作,实现共赢,可以创造更多可能。

社交电商与传统电商的用户价值比较如图 9-3 所示。

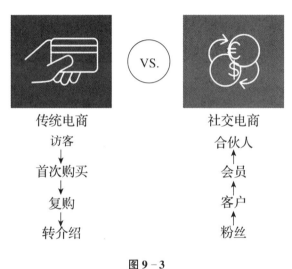

图 9-3

9.2 传统电商高速进阶社交电商新零售的路径

传统电商进阶社交电商新零售需要重点把握好引流、深度社交、流量转化等几大方面。

9.2.1 引流:有效积累店铺粉丝

传统电商转型社交电商,本质上是为了降低获客成本,拓宽新的销售渠道。商家可以用好自身已有的资源,在此基础上实现流量的获取及裂变。对传统电商而言,借助淘宝、天猫、京东等电商平台可以获得大量的站内粉丝流量（公域流量），这些流量远比站外流量更精准、更易被转化，是传统电商最大的优势之一。

1. 增强引流意识

由于传统电商是以货为中心，商家未充分意识到客户的终身价值，对客户的引流、维护不够。这需要商家转变思维，重视客户的终身价值，增强引流意识，将客户或访客引流到自己的微信等社交账号中。

2. 客户的获取

客户的获取是商家要格外重视的。商家可以通过参加电商平台的促销活动在短期内获取大量的订单和流量，这是商家快速获取流量的有效方式。

另外，商家也要重视店铺的访客。淘宝、天猫、京东等电商平台拥有数亿规模的流量，每天的访客数量相当可观，商家要想方设法吸引并留住到店访客。

3. 设置鱼饵

传统电商平台的商家可以设置一定的"鱼饵"，将客户或访客引流到自己的微信、QQ等社交账号中。

对已经产生购买行为的顾客，转化他们到社交账号相对较为容易，只需要设置适当的、有诱惑力的"鱼饵"。

"鱼饵"主要分为金钱、产品、虚拟物品。

①金钱。顾客加商家的社交账号后，可获得红包奖励，现金红包要适中，太大增加了引流成本，太小则缺乏吸引力，金额以2~3元较为常见。

②产品。顾客加商家的社交账户后，可获得赠品。赠品和主营产品最好有相关性，可以是试用装，也可以是成本较低的商品。

③虚拟物品。通过赠送电子书、课件等虚拟产品将顾客引流到商家的社交账号，这类商家的主营业务通常是培训、图书销售等。虚拟物品最大的好处是：边际成本极低，而且不存在物流费用。

4. 引流媒介

传统电商引流时，可以在发货时将社交账号植入引流的卡片、宣传单等资料中，或者通过电商平台的站内交流工具对客户进行引流。

以淘宝为例，淘宝卖家可以通过淘宝旺旺与客户交流，并引导客户加其微信等社交账号。

9.2.2 深度社交：与顾客建立强信任关系

与顾客建立深度信任，是转化、沉淀用户的基础，也是打造私域流量池的重要一环。

1. 增强社交意识

很多传统电商商家转型社交电商之初，由于思维模式仍然停留在过去，尚不具备社交电商的思维，因此前期需要先增强社交意识，培养社交电商思维。

2. 增加社交频次

相关研究结果显示，"一见钟情"是小概率事件，大部分社交关系的建立及客户转化至少需要 7 次。此外，当商家与客户的社交次数达到 7 次时，客户转化率将能达到 40%。

因此，商家在将客户引流到微信等社交账号上后，需要与客户持续交流、互动，待时机成熟后再想办法转化。

3. 通过互动抓牢客户的心

传统电商是基于客户购买需求才产生互动，社交电商是基于互动才产生购买需求，两者销售模式差异很大。做社交电商，其实是在做人，只有做人成功了，我们才能拉近与客户之间的距离，建立足够的信任。互动是我们拉近与客户距离的重要方法。

以微信这个社交平台为例，微信朋友圈中除了一些比较熟悉的微信好友，还有一些相对陌生、互动较少的微信好友，你与这些好友的关系相对来说属于弱关系。如果我们想将朋友圈的弱关系变成强关系，就需要进行适当的互动。

社交电商与微信好友之间的互动方式包括：一对一沟通、批发式互动。批发式互动主要包括群发式互动、朋友圈互动、微信群互动。

4. 先建立信任

做社交电商，首先要和客户建立信任，只有客户对我们足够信任后，我们才可以进一步完成成交。我们要花 80% 的时间建立和客户之间的信任，花 20% 时间成交客户。其实，当信任建立后，成交自然水到渠成。

社交电商创业者可以从为人亲和、专业形象、事实见证、品牌实力、从业经验、真心待人等六个方面来培养和客户之间的信任感。

9.2.3 流量转化：借助社交互动实现转化

传统电商实现流量的转化主要包括两种途径，一种是其店铺粉丝的转化，一种则是其社交圈流量的转化。

1. 店铺粉丝的转化

获取粉丝只是成交的基础，而持续吸引粉丝并通过相关活动将粉丝转化为客户、代理才是长远目的。总体来看，商家在运营粉丝时，要着重注意两点，一是曝光度，二是互动。

（1）曝光度

店铺曝光的次数越多，越容易在顾客心中留下深刻的印象，并在其潜意识中形成一种信任，这样顾客在需要购买产品时会优先想到你的店铺。

商家要做好整体、系统的规划，基于目标客户群体的特质和需求，合理对店铺每天发布的动态进行布局和更新。这部分商家通常分为两类，一类是善于内容创作的商家，可以持续输出与产品相关的内容（文字类、图文类、视频类等）；一类是不善于内容创作，或其主营产品是专业化程度较低的大众化产品，此类商家可以生产顾客喜闻乐见的娱乐、热点类内容，吸引顾客的关注。

（2）互动

曝光只是提升了商家的知名度和关注度，但商家如果想让顾客认可店铺，并建立对商家的信赖感，需要进行深度社交、持续互动，提升顾客对商家及店铺的黏性，进而提升其活动参与度。商家主要通过让顾客参加活动来进行互动。

① 每日签到。顾客每日到店铺签到可以获得积分，积分可以用来兑换商品或抵扣现金。

② 免费试用。商家可以定期推出一些免费的体验产品作为粉丝的福利。

③ 有奖问答。商家可以设置一些问题，粉丝答对问题后可以获得实物、优惠券、虚拟物品等福利。商家要围绕店铺销售的产品来设置问题，既提升了粉丝的活跃度，又加深了顾客对产品的认知。

④ 有奖转发。商家定期举行有奖转发等活动，通过有吸引力的奖励激励粉丝帮忙转发活动内容，借助顾客社交网络的力量来提升店铺的影响力和知名度，获客拉新，实现流量的裂变。

⑤ 活动促销。商家定期为粉丝提供一些限量的优质低价的产品，让粉丝获得更多福利及实惠，提升其对商家及店铺的黏性。

2. 社交圈粉丝的转化

包括微信朋友圈在内的社交圈粉丝的转化方式可以参考店铺粉丝的转化方法，同时还要基于社交圈生态的特殊情况设置对应的转化方式。如微博、微信、QQ、小红书、抖音短视频等社交圈因为平台功能、规则及布局不一样，因此其装饰及布局也存在一定的差异性，商家要"因地制宜"，对不同的社交媒介的社交圈进行差异化规划和布局。

考虑到目前微信仍然是诸多移动社交媒介中影响力最大且最适合社交电商创业的社交平台，因此传统电商要针对微信的游戏规则，重点做好微信及朋友圈生态的布局，将其营销价值最大化。

9.2.4 发展种子代理：嫁接团队迅速裂变渠道

笔者有个社交电商品牌创始人朋友语熙，她创立现有的社交电商品牌之前，是在淘宝店铺经营她的护肤产品，并积累了一定的客户。某天，她的一个老顾客主动联系她，说她的产品不错，帮助自己解决了问题，然后问她有没有想过尝试通过微信渠道，用社交电商模式来运营这款产品，创建自己的品牌。语熙听了之后眼前一亮，于是和这位老顾客进行了深度交流，听了她的一些建议，并将之前积累的顾客陆续引流到自己的微信上。刚开始她只是以批发为主，发现借助微信渠道生意越来越好之后，她开始借鉴其他社交电商品牌的做法，请人帮忙设计了分销模式，开始发展代理。就这样，这个护肤品牌借助社交电商的打法积累了大量顾客和代理。

上述案例给了传统电商一个升级思路，就是充分利用现有资源，采用社交电商打法，将现有客户转化为代理。现有客户对产品及品牌已经有了一定的认知和忠诚度，因此转化为代理之后其黏性比较高，团队比较稳定。在现有的这些种子代理基础上进行裂变，品牌发展速度会比较快。

此外，我们还可以采用另一个方法快速实现渠道裂变，那就是与其他社交电商团队合作，直接将对方的代理渠道嫁接过来，快速实现团队的裂变，提升品牌影响力，这是某些社交电商品牌起家的常用打法。品牌创始人找到一个有一定实力的团队创始人或在某领域有一定影响力的意见领袖，进行优势互补，快速裂变团队，做大品牌。但前提是，品牌创始人要具备一定的实力或个人魅力，能吸引对方与你合作，而且要与合作方事先谈好利益分配，避免日后出现纠纷，影响品牌的长远发展。

9.3 社交电商第一股拼多多到底做对了什么

非分销模式的社交电商平台拼多多为什么能在短短几年时间内获得高速

发展？它到底做对了什么？

9.3.1 拼多多快速发展的四个要素

在拼多多高速崛起和发展的过程中有四大要素起着举足轻重的作用。

1. 低价

拼多多通过多种措施降低了商品的成本，为低价策略奠定了基础。

拼多多的低价策略之所以奏效，与中国三四线、五六线城市中高达五六亿的潜在网民构成的互联网第三波人口红利息息相关，这部分网购人群对价格比较敏感，更喜欢实惠购物。

但在拼多多借助低价策略快速崛起之后，提升产品品质、挖掘中产人群的消费潜力则成了平台的重要战略方向。

2. 免佣金

大多数传统电商平台会向商家收取一定的费用，而拼多多向商家免费开放，短时间内吸引了大量商家入驻。

3. 高度社交化

拼多多的社交化表现在三个方面。

其一，拼团模式。拼团模式具有浓厚的社交分享元素，借助熟人强关系创造信任背书，迅速获客拉新、裂变流量。

但拼团并非新鲜玩法，此前美团、百度糯米也经常采用拼团模式吸引用户关注、促进销售，但为什么拼多多能借助拼团模式快速崛起？因为拼多多的拼团玩法与美团、百度糯米有着本质的区别。后者拼团时不限人数，更像长期促销。而拼多多则规定拼团人数达到要求才能开团，且拼团模式中融入了很多社交化元素，是传统拼团模式的创新，并借助用户的分享实现广泛传播，达到流量裂变的目的。

其二，社群。拼多多商家以微信群为载体，将客户聚集起来，并进行沉淀，充分挖掘客户的终身价值，将客户价值最大化。

其三，游戏化玩法。拼多多创始团队曾经运营过游戏，因此积累了大量与用户社交互动的经验。运营团队将这些经验用于拼多多的运营中，设计出各种有趣的玩法，提升用户社交购物过程中的趣味性、互动性、体验感，让用户既买到了性价比很高的商品，又获得了精神层面的满足。通过这些社交玩法，拼多多可以提升客户的社交口碑，提高其对平台的黏性。

4. 信息分发的转变：去中心化的分发方式

淘宝和京东的流量由电商平台分发给商家，是典型的中心化信息分发模式。平台商家想获得流量，得依赖电商平台，而随着入驻商家的增多，流量获取成本不断攀升。

拼多多则借助社交拼团模式，让用户也可以成为流量分发的节点，这就大大降低了商家获客拉新、裂变流量的成本。

9.3.2 拼多多获得成功的三大关键

拼多多爆发的核心在于它顺应了移动互联网的发展，在恰当的时间做了对的事情。

1. 增量市场

市场环境是新兴的商业模式得以存活和高速发展的关键因素。

拼多多崛起的背后是中国移动互联网的高速发展，智能手机普及、移动支付技术成熟、移动支付习惯养成是其发展的重要基础。此外，微博、微信等国内移动社交平台日渐成熟，中国社交网络日渐发达和成熟。

在上述基础上，社交电商增量市场形成，主要表现为两个方面：电商社交化、社交电商化，拼多多属于前者。创始人黄峥深谙人性，他采用社交化策略在电商红海中开拓出一片蓝海。包括拼团模式在内的一系列社交打法，让传统电商的"人、货、场"实现了重构，由传统的人找货，转变为了货找人，消费者的重要性被凸显。

而乡镇等下沉市场蓄积的巨大能量让拼多多"以农村包围城市"的战略

获得成功,这些消费群体对商品的价格比较敏感,有别于阿里巴巴、京东的用户群体。当然,在拼多多通过拼购模式在下沉市场获得巨大成功后,这部分市场也成了阿里巴巴、京东的必争之地。

在竞争加剧的环境下,现在的拼多多一方面要打造自己的竞争壁垒,搭建护城河;另一方面则是拓宽自己的用户群体,通过调整战略、升级自己的供应链体系等一系列举措,在一二线城市中赢得中高端用户群体,这条路对拼多多来说并不轻松,但却是必经之路。

2. 爆款单品

拼多多上拥有大量市场刚需产品,平台将其中的一些商品打造成爆款,大大增加了销量。

爆款单品模式在拼多多的高速发展过程中起着举足轻重的作用,这种模式于平台和商家是种双赢。对平台而言,通过打造爆款单品,可以吸引大量流量,促进用户交易,提升平台销售额。而商家之所以愿意减少利润打造爆款单品,是因为爆款可以帮助其用较低的成本获客拉新,积累店铺用户,并通过二次转化实现用户价值的最大化。

3. 借助社交流量打造私域流量池

流量的获取是互联网商业模式的核心,在传统企业、传统电商、中小商家苦于流量成本的攀升时,拼多多通过社交玩法,用低成本获得了大量流量。拼多多主要从两方面着手打造平台的私域流量池,并实现了流量的快速变现。

其一,与微信合作。拼多多以微信超10亿用户这一海量流量为入口,低成本获客拉新,实现了流量的原始积累。

其二,社交游戏化。拼多多通过社交拼团、发红包、融入游戏元素等社交玩法,培养平台的核心用户,并积累社交口碑,促进口碑的传播,借此进一步实现用户的获取和流量的裂变。

9.4 云集的社交新零售：中国版"Costco"的换道超车

2019年5月3日，转型为会员电商的平台型社交电商鼻祖云集正式登陆纳斯达克，成为中国会员电商第一股，以百亿市值为万众瞩目，被誉为中国版"Costco"。

云集招股书显示，2016年、2017年、2018年云集的GMV（成交总额）分别为18亿元、96亿元和227亿元。相比2017年，其2018年的GMV同比增速高达136.46%。云集的付费会员人数，从2016年的90万，增长到2018年的740万，其中用户的复购率高达93.6%。而截至2019年3月，云集的付费会员已高达900万人。

提到某个明星品牌，不得不提其创始人，因为品牌的基因中往往融入了创始人的基因。与其他中国顶级的操盘手类似，云集微店创始人肖尚略具备很强的目标拆解能力、不错的目标跟踪能力，对财富和成功充满强烈的渴望。

聚光灯下，云集创始人肖尚略及其他元老内心不知做何感想？

虽然都是社交电商，但以"让买卖更简单，让生活更美好"为企业使命的云集的商业模式、产品定位与拼多多有着天然的不同。拼多多属于非分销模式的平台型社交电商，以微信的海量流量为入口，借助社交拼团模式迅速获客拉新、裂变流量。而云集的前身为云集微店，借助多级分销模式获客拉新、裂变渠道，迅速积累了大量经销商和客户。而具体到商品定位，拼多多以十元左右的不知名品牌的商品为主，客单价由二三十元到四五十元不等，它的目标客户是消费分级下的低端消费人群。而云集客单价在150元左右，商品多为知名品牌，目标客户群体以消费升级下的中产人群为主。

此外，作为分销模式的平台型社交电商鼻祖，云集的前身云集微店的模式几乎成了分销模式的社交电商平台集体借鉴的对象，无论是环球捕手、达令家、达人店，还是新贵贝店，都是在云集微店分销模式的基础上形成了自己的模式。

与其他社交电商平台不同，云集不是一个纯粹的社交电商平台，更像一个复杂的综合体，是创始团队与国家、社会、资本利益妥协和融合的产物。

转型后的云集，通过模式创新、科技赋能布局新零售。社交电商平台云集骨子里拥有社交基因，因此在其新零售布局中融入了很多社交玩法，成了一家社交新零售企业。

9.4.1 云集的前身：云集微店

在转型会员电商之前，和其创始人肖尚略一样，云集有着一段很精彩的励志故事。正是这段历史，让云集的前世今生有着别样的味道。

云集前身是云集微店，属于典型的分销模式的社交电商平台。

要理解云集微店，先得理解 S2b2C 模式。阿里巴巴集团副总裁曾鸣曾提出，在 S2b2C 模式下，商家（b）与供应链（S）合作，通过服务顾客（C），实现商品的销售。曾鸣认为，商品不经过 b，可以直接由 S 端直达顾客，即 b 在其中的核心作用是服务消费者。简言之，S 端可以提供云仓储、一件代发功能，让 b 可以集中精力做好销售和服务。

然而，纵观电子商务领域，S2b2C 模式有其合理性，但并非意味着商品由 S 直接触达终端（C）是 S2b2C 模式的唯一表达方式。在社交电商规范化之前，其家族的重要成员微商采用的也是 S2b2C 模式，但商品往往是由 S 提供给 B（品牌方、团队长），再由 B 拨货给 b（小分销商），最终由 b 触达 C。这期间，物流、售后等工作基本也是由 b 自己解决。这算是 S2b2C 模式的原始本版。这套模式，借助熟人关系自带的信任背书，在微商红利期大行其道，降低了渠道成本和交易成本，让微商获得了快速成长。但随着新科技、新零售的发展，现在看来，该模式已经有点低效和落后。

而曾鸣提出的 S2b2C 模式，应当是 S2b2C 模式原始版本的升级，它的优势是 S 端负责物流配送和售后，b 只需要专注做好销售、售前服务、售中服务以及简单的售后服务，而不要再为物流和复杂的售后服务操心。这就大大提升了其零售的效率。可以说，这是微商、初级社交电商模式与新零售融合后的演化产物。

而云集微店的亮点在于，它整合了上游的 S、下游的物流方，为 b（社交电商从业者）解决了痛点，让他们作为平台的连接点，借助平台的力量，充分发挥其社交优势，搭建社交网络，专注于商品的分享、销售以及客户服务、团队服务。

同时，云集微店会为平台的社交电商从业者提供专业知识、销售技能、沟通技巧等一系列系统、成熟的培训，帮助这些中小创业者快速入门，成为一名合格、专业的社交电商。

9.4.2　云集社交新零售的三大创新

云集在社交新零售方面通过三大创新，重构了"人、货、场"，实现了更高效率的零售，更低成本的运营。

创新一，提升"货"效。

云集将供应链 S 和传统商超 B 融合，使零售终端的 b 和 C 充分融合，让消费者在消费的同时有机会成为消费商和创业者，这就提升了商品的流通效率，降低了流通成本。

创新二，提升"场"效。

其一，高效性和体验性兼得。通过社交网络，社交好友向身边的用户分享自身的购物体验，让用户无须自我体验便可获取有用的体验，让体验的获得更高效。

其二，便捷性和可信性兼备。社交网络自带信任背书，而社交分享又提升了"场"的便捷性。

其三，跨度性与即得性兼备。借助社群团购、社区团购，让商品离你更近，解决了跨度性问题，提升了用户的即得性。

创新三，提升"人"效。

无论是企业，还是创业者，通过社交网络可以获取低成本的社交流量，并将其转化为消费者和消费商。这种方法提升了转化率、复购率，降低了运营成本，借助社交大大提升了"人"效。

9.4.3 让用户成为传播者和消费商

对于企业而言，如果用户能自发地在其社交圈中传播企业和产品，扩大企业的知名度、影响力，那么企业便可以实现低成本传播和运营，实现爆发式增长。

云集便做到了这一点。云集是怎么实现这一目标的？通过口碑营销。

云集为了树立在用户心中的好口碑，在源头上严把质量关，为用户精挑细选。目前，云集增加了一个"KOL精选"环节，即产品在上架之前，需要KOL试用、评估，经他认可之后，才能正式入选。同时，云集还邀请明星汪涵成为云集的首席精选官。诸如此类的做法，旨在实践云集的"让精选成为每个用户的生活方式"这一服务理念。

除了精选产品，云集还加强了仓储、物流、用户服务方面的布局，让用户能享受高效性、即得性、体验性、跨度性等新零售模式的优势。比如，新疆、西藏、青海等中国偏远地区的用户，由于物流方面的限制，收货时间通常要长于其他地区的用户，这就大大影响了用户购物的体验。为了解决这方面的问题，云集加强了物流仓储方面的布局，与众多有实力的物流企业合作，同时用数字化武装物流仓储，让它们变得更"智慧"。这些举措大大缩短了上述偏远地区用户的收货时间，提升了该地区用户的服务质量和体验性，形成了好口碑。

此外，云集借助模式优势，将会员转化为消费商，让他们成为云集平台的合作者。当这些消费商通过自己的社交网络传播云集及产品时，他们自己也可以从零售及服务中获益。这样，云集与这些用户便成了利益共同体。在利益与荣誉的激励下，用户会自发成为云集的民间代言人，在社交圈中宣传云集，同时也会通过优质的服务赢得用户、做出业绩、提升收益。

而云集平台要做的就是，为这些利益共同体（消费商）提供内容、IT系统、培训、客服、物流、供应链这些服务，让他们能安心做好零售与服务。

9.4.4 多元化会员模式引爆会员增长

作为精品会员制电商，会员增长是云集的重要业务。为了扩大云集会员规模，让更多用户了解云集，享受云集平台的产品和服务，云集不断优化会员的增长方式，让会员来源趋向多元化。

从 2015 年云集成立至今，云集的会员增长方式经历了三次更迭。

在云集创办伊始，用户只需要免费注册便可以成为云集会员。这一模式积累了大量早期的原始种子会员。

随着云集供应链及服务能力的增强，平台商品品类不断增多，云集升级了成为会员的方式：用户购买平台指定的某些"398 元大礼包"方可成为会员。借助"398 元"大礼包，云集筛选出了一大批铁杆用户。

随着云集供应链的不断优化和升级，为了提升用户的体验，让更多用户可以享受到便利和实惠，在转型会员制电商后，云集推出了"任意购"项目，免费注册的年卡、季卡体验用户仅需在平台购买任意商品，在达到规定额度后便可成为会员。目前，云集已经积累了约 1000 万的年卡、季卡会员。这意味着云集的会员增长逻辑发生了改变。

9.4.5 私域流量运营的核心是用户运营

流量时代，流量的获取、运营是很多企业和商家的重心。彼时企业要做的就是不断开疆拓土。

但随着流量红利的消失，中国市场已经进入开发增量的时代，这个时代用户为王，做好品牌建设，精细化运营用户，充分挖掘单客的终身价值，放大超级私域用户的贡献率，已经成为当下企业活下来、活得好的重要策略。

云集为了增强用户的黏性，挖掘用户的终身价值，并非简单地将用户视作流量，而是把他们当作私域用户来深耕。云集是一家社交驱动的会员电商，拥有丰富的私域流量池运营经验。在云集看来，私域流量运营的核心在于用户运营。云集通过对会员打标签、加强大数据分析，对会员进行精细化运营，提升会员的体验性。

云集拥有强大的商品研发、供应链能力，力求为用户提供优质产品。以云集自有品牌素野为例，云集做好用户画像，根据会员的需求，为会员研发出抗衰老的素野多肽套装，先邀请 KOL 试用，根据反馈对产品进行优化，提升产品的效果。同时借助这些传播素材在社交圈传播产品，促进会员复购。

为了把好质量关，云集建立了产品筛选漏斗，对产品实行"社交选品"机制，进行"极致精选"。产品经过社交推荐后，需经 KOL 的购买、使用、评价后，最终获得 KOL 好评的产品才能上架。

云集将每周四定为"超级品牌日"，集中平台资源主推某个知名品牌，给会员极大的优惠价，一方面加深会员对品牌的认知度，一方面也让会员获得更多实惠。

9.4.6 肖尚略和云集的"长期主义"

云集在用它的精品会员电商实践它的超级用户思维。

云集会为平台用户做个性化推荐和游戏化分享，让服务更有效率，让用户体验更好，借此充分挖掘客户的终身价值。"持续关注用户价值，持续关注效率"。这是云集的"长期主义"，也是云集创始人肖尚略的"长期主义"。

与此同时，云集与达能、欧莱雅、强生、伊利、雀巢等国内外一线品牌合作，为用户提供更好的商品。

此外，云集的会员电商模式，让平台会员有更多机会参与到社交新零售的社会化协作网络中，成为一个个超级用户。正是云集会员的这种超级用户特质，让云集可以借助用户的社交网络，通过分享、传播，不仅为云集带来大量销量，还吸引来很多社交渠道。由此，云集降低了传播和渠道的成本，从而有更多资本和精力去服务好平台会员和用户，进而在社交新零售中脱颖而出。

9.4.7 云集给中小企业的独特启示

对于中小企业而言，云集在发展过程中采取的几点战略值得借鉴。

1. 竖传打天下，横传定江山

刚开始起步时，云集采用多级分销这一竖传模式迅速在社交电商领域中发展起自己的分销渠道，并借助模式的激励、裂变属性，通过分销商的社交网络快速裂变，让云集在社交电商行业拥有了极大的影响力。

竖传的本质是，以人为渠道裂变渠道，发展下线是其常规打法。

而在达到一定规模后，为了规避风险，云集将多级分销模式调整为会员制电商，既获得了资本的青睐，得以顺利上市，又规避了涉嫌传销风险可能给平台带来的灭顶之灾。在横传模式下，平台的渠道商将更多精力放在服务客户和销售产品上。

横传的本质是，以人为社交渠道销售产品，通过服务和零售将商品传递给真正有需求的消费者终端。

竖传打天下，横传定江山。这对当下很多想转型社交电商的企业有着巨大的借鉴意义。

2. 平台化运营

转型后的云集，其最大的价值和优势，是利用平台的优势帮渠道商筛选优质商品，并为其提供全方位、系统的支持和服务。

与更多专业供应商合作，采购优质商品，是云集一直在做的事。当下，云集团队只需要加强筛选供应商、筛选商品的能力即可。

随着社交电商的发展，以往以争夺S2b2C中"b"为核心的玩法，将转变为对"S"的重视和竞争。因此，云集可以利用现有资源以及筹集来的资金，提升技术水平，优化供应链，完善培训体系，升级服务系统，赋能平台上的b，让其更好地服务团队和客户，借助优质服务和口碑扩大规模。

Chapter Ten

第 10 章
社交电商新零售企业落地方案：
企业如何裂变流量倍增渠道

企业在做社交电商的过程中，战略的落实至关重要。在将战略落地的过程中，企业的选品策略是项目成败的关键，同时，企业的商业模式、操盘团队的组织架构是社交电商项目能否持久的重要基础。

10.1 社交电商新零售企业的选品策略

决定社交电商能否赚到钱的核心因素到底是什么？

是选品。无论是企业，还是个人，如果没有选好产品和项目，即使你付出再大的努力，也很难赚到钱。

10.1.1 企业选品的六大心法

社交电商企业应当如何选品？关于选品，并不存在绝对的选品原则。每一个产品都有自己的发展空间，你要做的是从中找到适合自己企业和品牌的产品。

下面，我们分享企业转型社交电商时需要遵循的六大心法，可以帮你在社交电商行业少走弯路。

平台型社交电商的产品主要是市面上常见的标品，这里面提到的选品心法更适合那些品牌型社交电商。

1. 统筹生产和运营

社交电商企业，主要分为两类，自有品牌型和帮助其他品牌代运营型，两者各有利弊。

自有品牌型企业的优势是自主性强，不受限于产品，发展空间大，但缺点是耗费精力，无法专心做好运营和销售。

代运营型企业的优势是不需要为产品的生产耗费精力，可以专注于品牌的运营和推广营销，但缺点是产品和品牌是他人的，发展受制于人。一旦出现纠纷，很容易和品牌方一拍两散，需要重新找合作方。

因此，社交电商企业在选品时需要掌握好度，统筹好生产和运营，核心合伙人要做好分工，分别负责生产和运营。

如果你是帮其他品牌代运营，则要增强打造个人品牌的意识，提升团队伙伴对你的认知度和认可度，弱化品牌对他们的影响。这样即使后期你和品牌方不再合作，也能带着这些团队伙伴另寻去处，或者自创品牌。

2. 合法合规，可掌控

产品和模式的合法合规是社交电商企业运营的基本要求，也是其项目的根基。在制定模式前，企业可以咨询一下电子商务领域的法务人士，务求产品和模式合法合规。

此外，你的项目要可掌控，即你要有足够的权限（包括决策权等）来操盘、运作，比如选品、模式制定、运营、团队人事权、营销推广、招商等方面你要有决定权。否则，沟通成本太高，后期的很多计划很难执行和落地，或者是为别人作嫁衣，竹篮打水一场空。

3. 高利润

保证零售的利润，终端才有积极性卖货，避免货都囤在渠道；保证差价，销售队伍才能壮大起来。这也是现在的平台型社交电商或采用分销模式的知识付费平台成长比较慢的主要原因，产品利润有限，很难吸引创业者加盟。

当然，高利润的前提是，你的产品品质要有保障，体验好，确实能解决消费者的痛点，而非人为地哄抬价格，否则难以持久。

4. 消耗快，回购率高

现在引流难度大，成本高，如果只做一锤子买卖，你就要不断寻找新客户，会耗费很多人力、物力。

因此企业优选的发展策略是，一款产品可以卖给客户多次，或将不同产品卖给一个客户。即提高产品复购率，提高客户的终身价值，这是轻松赚钱的核心支点。

因此，品牌型社交电商与平台型社交电商的融合是我们比较看好的模式。以蒙牛社交电商为例，蒙牛的社交电商项目起步时，先以一款减肥代餐奶昔慢燃起盘，等慢燃运作稳定、运营成熟后，再陆续推出第二款产品、第三款产品，慢慢转变或扩大为平台型社交电商。当然，蒙牛社交电商平台的产品都是围绕大健康板块来做的，也就是说，企业即使实施平台或多元化战略，也需要聚焦在某个领域。

5. 找痛点，细分市场

如果你的产品能帮助客户有效解决其真正的痛点，而非只处理其痒点，这样的产品天然具有足够的竞争力。

此外，在定位自己的竞争领域时，分为两种情况，第一种是竞争较小的市场，第二种是竞争激烈的市场。不过前者并不一定是最佳选择，如果你选择的是有足够小众消费群体的长尾市场，你可以活得不错。但如果你选择的是消费需求还未充分挖掘的市场，由于教育客户的成本比较高，这种市场并非一定是蓝海，有可能是死海。

第二种情况竞争激烈，已经成了红海。其优势是消费者已经被充分教育了，因此企业可以寻找细分的消费人群，结合适宜的营销，将能从一片红海中分得一块可观的蛋糕。如洗护市场竞争很激烈，但它的需求量庞大，此时如果有企业推出了去屑、控油、柔顺系列的洗发水，也终将赢得自己的一方市场。

两种情况各有优劣，中小企业可以根据自己的情况来选择。根据我们身边企业家的经验，小众市场、红海市场的细分领域都有企业做得不错，但相对而言，第二种风险相对较小。

6. 具有独特性

平台型社交电商的商品以满足日常需求的标品为主，平台优势是通过分销模式获客拉新，组建销售渠道，实现流量和渠道的裂变。

大部分品牌型社交电商（以中小企业创办的品牌为主）因为没有大品牌、

大平台背书,靠模式优势能吸引分销商,但如果想获得客户、留住客户,产品要有独特性。

所谓独特性就是传统电商平台或超市买不到,只能通过你的代理购买。

10.1.2 企业选品的四大策略

在了解了选品的六大心法之后,我们提出四种选品策略作为企业选品时的参考。

1. 创新策略

如果你有能力、有思路,在选品的时候能突破原有的惯性思维,从而找到与你的渠道和用户匹配、市场上暂时又是空白的新产品,那么你选品的成功率将大大提升。这一点苹果公司在触屏智能手机方面的创新为我们做出了良好示范。

建议创业者在有了一定的资金积累之后,首选创新策略作为选品的指导,因为这是企业形成自己影响力的重要途径。

2. 追随策略

何为追随策略?当你看到一个新的市场风口,或者说新的爆品出现的时候,你立即将其作为自己的选品。新的爆品既然能引爆市场,一定有其内在的逻辑与原因,并且存在着相当大的市场需求。而跟随策略的优势在于,你无须弄清其内在的复杂逻辑,你只需要知道,这个产品现在市场广阔,并且短期内盈利空间很大。

当然,相较于创新策略,追随策略也有相当大的弊端。

①首先,你必须有非常敏锐的市场嗅觉,在爆品爆发初期就能抓住机遇进入市场,并在爆品影响力下滑之后当机立断地退出即将泛滥的跟风潮流,否则不论是入场太晚还是离场不及时,企业都会面临巨大的风险。

②其次,跟随策略需要非常强大的团队实力与资源作为支撑,因为你还

不能预先知晓下一个引爆市场的产品是什么，所以你就无法对其进行提前准备。

③同时，市场机遇转瞬即逝，你必须具备在短时间内完成追随战略的执行能力。

3. 回马枪策略

所谓回马枪策略，是指你要去寻找曾经成为爆品、现在已经不再火热的产品，然后对其进行评估。有很多产品并非已经没有市场需求了，而是单纯地度过了热度巅峰期，在市场价值曲线中进入了低谷而已，有相当大的可能性会触底反弹。在你对产品进行评估之后，一旦你认为某款产品拥有再度火起来的潜力，就可以将其作为自己在下一个阶段要推广的选品。这样做的好处在于，你选择的产品已经被市场验证了，拥有强大盈利能力，这能在很大程度上降低我们选品时所面临的风险。

然而，回马枪战略同样存在弊端，这也是我们为何要对产品进行评估的原因。因为你一旦选择了某款已被时代淘汰的产品，或者没有能够让选品重新进入市场的视野，你将面临巨大的经营危机。

4. 爆品＋长线产品策略

社交电商行业的产品按照生命周期和市场增长速度主要分为爆品和长线产品两类。

爆品一般是满足了细分领域的消费者的某个尚未被满足的需求点，或者是被善于运作的操盘手通过包装、造势炒作起来的，往往是虚假繁荣，这也就让大部分爆品缺乏可持续性。其优点是利润空间很大，起来很快；缺点是推广预算大，消费者需求难以持续，生命周期很短，大部分只有几个月，靠速度取胜，属于快热型。

长线产品一般需求稳定，靠产品质量及口碑赢得顾客并开拓市场。其优点是利润比较可观，需求稳定，盈利稳定，生命周期比较长；缺点是起来比较慢，靠口碑取胜，属于慢热型。

既然爆品的生命周期很短，那它存在的意义是什么？或者企业是否有必要打造爆品？

对于社交电商企业：爆品可以帮助企业快速获取现金流，拥有造血功能，激活缺乏战斗力的团队。有了一定的现金流后，企业可以继续打造下一个爆品，或者养活长线产品。

对于社交电商团队：爆品可以激活团队伙伴，让代理能快速赚到钱，让他们充满信心。有了这批种子伙伴的支持，你的团队才能活下去，持续裂变。

但选择爆品时，要优选那些靠谱的爆品，同时，企业必须要有自己的长线产品。爆品就像高提成或高奖金，而长线产品则是底薪。有了底薪，能活下去；有了高奖励，能活得更好，进而吸引更多优秀人才的加盟。

此外，我们也可以换个角度看待爆品。爆品真的只是急功近利的商品吗？有没有可能爆品也可以活得更长久？这需要企业具备爆品思维。

小米创始人雷军在给金错刀的信里写道："我还记得那是1999年秋天的一个傍晚，我走在北京的知春路上，北京的秋天挺冷，街上不像夏天那样热闹。但是有一家小餐馆门口却排起了长队，它也不是什么豪华的馆子，我很好奇，于是问同事知不知道这里为什么这么火。同事说，这家馆子在这一带很有名，总是有人排队，其实也没什么，就有一道招牌菜，据说做得非常地道，而且价格很实惠。"雷军说，那一刻，他突然意识到，在信息化时代，无法脱颖而出的产品，其实是因为做得还不够极致。

所谓的爆品思维，也就是我们传统意义上"一招鲜吃遍天"，在某一项产品上抓牢用户的痛点，并做到极致。金错刀在他写的《爆品战略》一书里谈道："爆品的核心就在于用户价值，有用户价值，才可能有海量用户，才有可能在海量用户的基础上建立商业模式。"

一款爆品的诞生，首先要关注的就是用户的需求，在找到了用户的需求之后，爆品要做的就是更好地满足这个需求，并以此为据制造爆点。

一款真正为用户着想的爆品才能既热卖又长久。就像《疯狂的石头》《少年派的奇幻漂流》《战狼2》《芳华》《我不是药神》《一出好戏》这些思想性和商业性兼备的热门电影，票房与口碑双赢，成为具有长久生命力和关注度的爆品。

10.2 社交电商新零售企业的顶层设计

企业转型社交电商的成功率和生命力，与企业的商业模式、操盘团队核心架构等顶层设计密切相关。

10.2.1 社交电商新零售企业顶层商业模式

总体而言，社交电商企业顶层设计的模式需要具备易招商、易动销、易激励、易裂变、利益绑定、鼓励升级等特性。

下面分享几种常见的社交电商模式。

1. 传统代理模式

这种模式是营销渠道学里的长渠道，以四站式渠道、五站式渠道为主，也是目前生命力比较长久的模式。

(1) 主要特征

①加盟门槛较高。

②可设多个层级，级别越高，拿货量越大，拿货价越低。

③高级别代理可以招募低级别代理，组建团队。

④推荐同级有奖励，部分企业低级别推荐高级别也有奖励。

(2) 主要优势

①利用社交网络，可以低成本获客拉新、裂变流量。

②降低了企业的运营成本。

③通过模式激励代理零售和发展下级。

④生命力较强。

⑤法律风险低。

(3) 主要问题

①产品品类相对单一。

②乱价、串货问题层出不穷。

③囤货问题较为严重。

④代理为了发展团队,会夸大宣传,甚至忽悠代理。

2. 分销模式的平台型社交电商

平台型社交电商以分销模式为主,分销层级大部分在三级以内。

(1) 主要特征

①产品以标品为主。

②平台提供一件代发、物流、售后等服务。

③代理无须囤货。

④加盟门槛较低。

⑤部分平台的高级别代理有团队管理奖。

⑥更适合想业余赚点零花钱的宝妈、大学生、上班族。

(2) 主要优势

①不存在乱价、串货问题。

②平台运营成本较低。

③有平台做背书。

④减少了虚假宣传。

⑤节约了代理的时间。

(3) 主要问题

①产品品类太多,客户、代理选择困难,选品耗费精力较多。

②一点也不囤货,难以激发代理的动力。

③产品利润空间有限,对大的团队长、企业家吸引力不够。

④代理主要当作副业来做,没有将其看成真正的生意。

⑤法律风险适中。

3. 多级分销模式

传统微商便是借助多级分销起家、崛起，现在很多传统大品牌进军社交电商领域后为了合法合规，多采取三级以内的分销，并且会融合保险公司、直销企业的模式优势，以设计一套既符合法律要求又具备激励性的模式。

(1) 主要特征

①融合了分销模式的平台型社交电商和直销的返利机制。

②涉及多级返利。

③三级以上返利涉嫌传销。

④部分企业的高级别代理有团队管理奖。

⑤很多传统大品牌进军社交电商领域会将该种模式与传统代理模式融合，只是在层级、团队管理奖方面会有所调整，以求合法合规。

(2) 主要优势

①具备分销模式的平台型社交电商的优势。

②对代理的吸引力更大。

③裂变效率高、速度快。

(3) 主要问题

①法律风险较大。

②产品品类相对单一，但朝多元化方向发展是大趋势。

③微信只允许二级以内的分销模式，很多企业为了不受限于微信，会开发自己的App，将客户、代理转移到自己的平台，继续采用二级以上的分销模式。

4. 企业直营模式

这种模式比较稳定、健康、长久。

(1) 主要特征

①企业负责运营。

②需要构建完整的系统：传播系统、引流系统、成交系统、社群运营管理系统、售前售中售后系统等。

(2) 主要优势

①对选品要求较低。

②起步门槛较低。

③收益稳定。

④法律风险低。

⑤发展稳定、可控、可持续。

(3) 主要问题

①对企业技术要求较高。

②对运营团队要求较高。

③发展较慢，需要时间的积累。

10.2.2 操盘团队成功起盘的核心架构

好的战略需要有好的操盘团队来执行，一个合格的操盘团队是企业社交电商项目存活并发展的关键。一般的社交电商企业运营团队的核心组织架构如下。

1. 总操盘手

总操盘手是项目总负责人。

职责：操盘团队的核心人物，负责对外事务。

要求：有资源，情商高，具备一定的演讲能力、领导力、个人魅力，能吸引并驾驭团队长。

2. 营销中心

(1) 营销总监

职责：营销和传播。

要求：有销售和市场营销经验，熟悉推广和运营。

（2）自媒体运营

职责：运营管理社交账号。

要求：有一定的文字功底、自媒体运营经验，擅长把控热点。

（3）文案

职责：负责品牌、产品、团队文案的撰写。

要求：有一定的文字功底，具备营销思维。

（4）美工设计

职责：负责品牌、产品、团队海报的制作。

要求：有一定的美术设计功底。

3. 招商中心

（1）招商总监

职责：项目讲解，流量运营、转化等。

要求：懂市场，善于与人沟通、打交道。优选社交电商、保险创业者、直销从业者。

（2）招商经理

职责：转化和维护由营销中心导入的流量。

要求：懂市场。优选社交电商、保险创业者、直销从业者。

（3）大客户经理

职责：对接和维护大客户。

要求：具备一定的公关营销、服务能力。

（4）会务经理

职责：负责组织线下会议。

要求：优选有会务组织、会销经验者。

4. 运营中心

（1）运营总监

职责：负责运营管理团队、业绩考核、销售培训等。

要求：懂运营和市场，管理过销售团队者优先。

（2）社群运营经理

职责：代理群的日常管理和运营。

要求：具备一定的社群运营经验。

（3）培训讲师

有些企业设有商学院，培训讲师设在商学院。

职责：培训产品知识、专业知识、社交电商知识等。

要求：具备一定的培训和讲课经验，优选社交电商、保险讲师、直销讲师。

10.3 社交裂变：企业如何借力社交网络裂变经销商

对社交电商企业而言，要想做好社交电商事业，不仅要教会合作伙伴零售，还要教会其发展团队。

社交电商招募合作伙伴，一个渠道是直接招募那些对社交电商创业感兴趣的人，让他们被企业的招商政策吸引，加入企业；第二个渠道就是直接将现有的客户转化为合作伙伴，快速实现流量裂变。

10.3.1 借力网络吸引经销商

想要做好社交电商，就需要借力网络来吸引你的潜在代理。

比如，你可以在自己的博客、微博、抖音等社交媒体账号上面更新一些文章或视频，从而积累粉丝，打造个人品牌和影响力。

你的粉丝在网上通过你的文章、视频，可以了解你的思想、价值观、事业机会等，与你同频的人自然会被你吸引，主动加你。本质上，互联网其实是个放大你的影响力的工具。

具体该如何借力网络来吸引经销商？可以从以下三个方面着手。

1. 掌握一些线上引流渠道

线上引流渠道除了百度、腾讯、阿里巴巴外，博客、微博、短视频、直播等渠道也很重要。

以百度系为例。百度霸屏在社交电商界比较火，借助它，粉丝在百度搜索你的名字或代理品牌时，会搜到很多和你及团队相关的信息。这些信息中有你的创业故事、出席某些重要活动的媒体报道、事业机会。

百度霸屏比较适合企业，或者有团队、打算创建团队的社交电商。

2. 明确你的愿景、使命、价值观

一家企业、一个团队，如果想长久稳健发展、基业长青，需要梳理出自己的愿景、使命、价值观。

很多网友正是被你的愿景、使命、价值观所吸引，才成为了你的忠诚客户，加入了你的企业、团队。

3. 设置"诱饵"

作为一个品牌、团队的创始人，你需要懂人心。除了用你的创业故事、你的愿景、使命、价值观、事业机会打动网友，还要学会设置"诱饵"，这是促使客户立即行动的重要动力。

比如：现在加我微信，有惊喜；加入我们团队，有福利赠送。具体的"诱饵"设计需要根据品牌、团队的具体情况而定。

总之，要给网友一个立即行动、加入你的团队的理由。

10.3.2 企业裂变渠道四部曲

传统企业转型社交电商时，裂变社交渠道通常需要经历四大阶段。

1. 起盘筹备期

筹备期在1个月左右。磨刀不误砍柴工，为起盘和招商做好充分准备还是很有必要的。

①价格体系设计。

②操盘事项、时间计划。

③项目定位策划。

④招商运营计划。

⑤企业介绍（图文+视频）。

⑥招商培训素材包。

⑦准备社交账号，并做好前期预热。

⑧公关推广。

⑨内部试用，并收集相关素材，用来宣传和造势。

⑩招商资料制作（销售信图文、H5、PPT等）。

⑪准备第一阶段招募的朋友圈素材。

⑫15天引流转化方案。

2. 内部招募期

内部招募期一般为15～21天，主要进行内部资源的梳理及转化，初步组建核心团队。

①举行全网试用活动，可以以某些网络平台为点展开。

②招商工具包：讲项目、招商、动销等。

③地推活动。

④首轮线下活动：游学+参观生产研发中心+现场招商。

⑤流量转化。

3. 外部招募期

外部招募期一般在21天左右，进行外部流量的引入与转化，完善核心团队。

①广告投放：百度霸屏、全网霸屏、垂直网站、行业KOL社交媒介、地方媒体等。

②地市级经销商招募。

③网络流量转化。

④第二轮线下活动：游学＋参观生产研发中心＋现场招商。

4．经销商考核期

代理加入后的3个月是其业绩考核期。

①从通过考核的经销商中筛选核心团队并进行扶持。

②树立标杆，广泛宣传。

③组建招商讲师团队。

④对新经销商进行线上线下培训，以线下培训为主。

10.4 渠道裂变：企业如何低价高效裂变并倍增渠道

企业在转型社交新零售的过程中，要想在流量成本不断攀升的当下低成本高效裂变社交渠道，发展壮大自己的团队，需要采用一些裂变策略。

10.4.1 直接裂变经销商的策略

对企业来说，直接裂变经销商的关键是种子经销商的积累和选择，这也是笔者多年经验的总结。

1．裂变准备

直接裂变经销商，需要有一批种子经销商作为裂变的基础。

传统企业因为已经拥有一批传统的经销商，在转型为社交电商的过程中，可以将这批经销商先转化为种子经销商，通过他们裂变团队有着天然优势。

2．裂变策略

（1）展示品牌实力

社交电商已经进入品牌化、企业化的时代，如果说以前拼的是团队，现在拼的就不只是团队自身了，更多的是品牌实力。

可以向潜在代理展示：

①资金实力。一家好的企业必然有充足的资金储备，有着很好的利润。

②工厂实力。企业有没有大型的生产工厂相配套，决定了这家企业能否消化大的订单，是否有较好的市场份额。

③员工实力。企业员工的质量与数量也反映了企业的实力，有实力的企业必然有一大批专业的人才，这样的企业才是值得信赖的。

④业绩实力。企业的业绩以及在销售上有没有一个良性的增长也是企业实力与发展的一种体现。

⑤品牌实力。品牌的知名度及影响力、广告宣传等是企业实力的重要体现。

⑥办公环境。企业的办公位置、办公环境等都是公司实力的一种直观体现。

⑦政策扶持。企业对经销商的政策扶持及培训扶持是企业的软实力，会吸引很多起步较低及渴望成长的经销商。

（2）打造品牌创始人、团队创始人的影响力

打造品牌创始人、团队创始人的影响力是转化客户为合伙人的重要一环。在同领域经销商竞争日益激烈的情况下，如果对方提供的产品和服务也让客户无可挑剔，此时吸引客户加盟你的团队、品牌的重要因素则是你的个人实力和影响力。理由很简单，人都喜欢与强者连接、合作。

①持续打造品牌创始人、操盘手、团队创始人的个人品牌和影响力。

②在朋友圈等互联网平台不断展示实力及影响力。

（3）对新经销商的培训和帮扶

在朋友圈向客户展示品牌对新人的培训和帮扶计划，这些内容会吸引大量想通过社交电商创业但又顾虑没有创业经验的客户。

①帮扶计划。向客户展示帮助新人快速入门、成长的品牌手册。

②培训计划。新人可以参加"小白7天蜕变营""初级经销商进阶"等培训。

10.4.2 将客户转化为经销商的策略

企业裂变经销商的第二个方案就是直接将现有的客户转化为经销商,这也是一种比较稳妥的、使客户价值最大化的方法。

客户是非常理想的潜在经销商,从现有的客户中发展经销商有诸多优势:

①客户已体验过我们的产品和服务,这就为我们进一步转化他们代理我们的产品奠定了基础,这时候我们需要做的就是让客户对我们的产品和服务满意。

②我们和客户已经建立了一定的信任关系,不需要再像发展新经销商那样从头建立信任关系。

③即使现在没被转化成经销商,后期仍然有机会转化。有些客户可能觉得目前不需要创业,但随着社会的发展,企业和组织的寿命越来越短,每个人都有可能面临失业或再择业的问题,这时候我们可以再次和他提及社交电商创业的事,转化率会大大提升。

将客户转化为经销商可以采用以下策略。

1. 激发客户成为社交电商

(1) 让客户对产品满意

要让客户代理企业的产品,首先要让客户对我们的产品满意,认可我们的产品。如果客户使用完我们的产品,但并不认可我们的产品,那么他压根不会愿意将我们的产品分享给自己的亲朋好友,也不会愿意代理我们的产品。

因此,我们要为客户提供对其有价值的优质产品。客户认可我们的产品后,我们再和他谈社交电商创业这个事业机会也就有了底气和基础。

(2) 让客户对服务满意

如果客户对我们的产品满意,但对我们的服务不满意,不认可我们,那么我们还是无法将客户转化成经销商。

因此，我们除了要提供让客户满意的产品，还要提供让客户满意的服务，让客户在体验我们的优质产品和服务后认可我们，此时我们跟他谈社交电商创业，即使他暂时没有这个想法，也不会抵触我们的分享。

（3）激发客户的创业意愿

客户对产品和服务满意是我们转化客户的基础条件，但具备这两个条件还不够，还需要具备第三个条件，那就是客户有社交电商创业的意愿。

如果客户并不想做社交电商，即使对我们的产品和服务满意，也不会代理我们的产品，顶多向我们复购，或帮我们转介绍新客户。

因此，我们需要培养客户的社交电商创业观。

我们可以通过以下方法快速培养客户的社交电商创业观。

① 让客户了解社交电商创业。很多客户对社交电商并不了解，甚至从身边人口中听到了很多社交电商的负面信息，对社交电商存在一定的偏见和抵触。这时候我们要把社交电商发展史讲给客户听，让他们对社交电商有一个全面客观的了解。
② 让客户了解社交电商创业的优势。很多客户在我们的讲解下开始接受社交电商，但不一定知道社交电商创业的优势，这时候我们要通过讲事实、摆数据，让客户意识到社交电商创业的巨大优势。
③ 让客户先从转介绍开始社交电商创业。很多客户比较谨慎，此时我们可以先请他帮我们转介绍。客户帮我们转介绍后要给客户一定的回报，让客户看到他的分享可以为他带来收益，而且好像没有想象中那么困难。

很多直销企业都有一套激励客户成为代理的机制，就是客户把产品分享给身边人后，在他们产生购买时，客户会得到一定的奖励，这就会激励一部分客户成为代理。社交电商也可以借鉴直销企业的机制，让客户在转介绍过程中慢慢习惯社交电商创业。当客户有了一定的业绩，尝到社交电商创业的好处后,我们再尝试将其发展为渠道商。

(4) 邀请客户参加企业、团队活动

可以邀请客户参加企业、团队的聚会、培训活动,让客户在团队活动中感受到团队积极向上、爱学习、和睦相处的一面。这时候我们还可以配合一定的优惠政策,提升吸引力。

2. 转化话术

下面介绍一些转化话术。

(1) 针对普通老客户

可以对客户说:"你是我的老客户了,经常购买我的商品,对我也很认可。接下来,你可以成为××品牌的经销商,到时你可以'自购省钱、分享赚钱'。当你推荐好友成为××品牌的客户后,你将获得25%以内的返利,同时你还可以发展自己的团队伙伴,获得团队管理奖。另外,我们平台有专业负责的导师手把手教你如何做好社交电商,发展自己的客户和团队,帮助你轻松创业。"

(2) 针对传统微商等创业者客户

传统微商等创业者也会在社交电商平台购物,他们已经在进行移动互联网创业或传统创业,他们做社交电商有经验、团队等优势,如果能将他们转化为自己的团队伙伴,会让你很省心。如何将创业者转化为团队伙伴?先了解创业者的痛点。

传统微商等创业者的痛点是进入门槛较高、需要囤货等。此时,可以针对他们存在的痛点引导他们加入团队:

"××品牌是个大品牌,合法合规,门槛低,几百元即可创业。系统一件代发,不需要囤货,平台专门设有专业的客服人员帮助您处理售后等。而且你做过社交电商,积累了自己的经验和人脉,做××品牌的社交电商会很有优势,起步会很快。"

3．裂变系统化

（1）流程化

企业要将引流、转化、绑定、分享、裂变、服务、管理变成一套完善的流程，并将这套流程复制给自己的代理。

（2）标准化

实现流程化之后，要将各个环节标准化，快速复制给代理，进而实现业绩倍增、团队裂变。比如，你服务客户时，需要建立客户档案，客户档案的模板和格式可以事先梳理好；维护客户时具体用哪些话术；每天每周发朋友圈的时间和内容标准化后让代理统一发圈。

（3）工具包

实现了流程化、标准化之后，可以制作企业的工具包，如沙龙流程表、服务工具包、办公必备工具、自制海报工具、图片美化工具、活动报名工具、二维码制作器、讲课软件工具等，这些可以制作成统一的工具包，不同级别的代理可以获得相应的工具包。

10.5　世界500强小米新零售的社交电商战略

2019年7月，《财富》杂志发布2019年世界500强排行榜，小米排名468位。小米的骄人成绩，是小米布局新零售、打通线上线下全渠道零售的结果。此外，小米新零售的社交化在小米发展过程中起着举足轻重的作用。

10.5.1　雷军的小米是一家社交化企业

早在产品研发期，小米便通过社交网络与用户深度交互，充分发挥社交网络的力量。

小米在推出首版MIUI操作系统前，在小米社区论坛中筛选出了100名种子用户，这些米粉愿意将自己手机上的系统更换为小米MIUI系统，并配合完成系统的测试。小米的七位创始人都保留着这些种子用户的手机号码，当第一版小米手机上市时，这100名用户的名单出现在了小米手机的开机页面上。小米成立三周年时，公司还专门为这些用户拍摄了微电影。可以说，这100名种子用户成了小米社群的起点和小米传奇的星星之火。

具体而言，小米做了以下工作：

其一，早在小米进军智能手机之前的2010年，小米通过搭建社区论坛，让用户之间可以社交联系，同时也加强了与用户之间的联系和互动；其二，小米通过设立社区用户升级规则和奖励机制，从社区用户中挖掘KOL和米粉；其三，从KOL和用户中选出一部分人参与产品的设计和研发，发现用户需求，优化产品，让小米的产品更契合米粉的诉求。比如，小米让社区论坛的用户参与MIUI系统的设计、研发过程，正是通过上述社交环节，小米搭建了"产品—用户—产品"的闭环。而今，小米MIUI社群的功能建议数超过了150万，Buglist（问题列表）累计发帖数超过200万。

此外，小米每次举办活动，都会发动小米粉丝，让粉丝参与到小米的成长过程中。

小米与用户的社交互动，一来贡献了用户的社交智慧；二来好的用户建议被采纳，用户能感受到自己的建议落实在小米产品上，变成了现实，这大大提升了用户对小米的好感、积极性与黏性，为后期小米进军智能手机领域奠定了良好的群众基础；三来小米在初创期，不需要在广告上投入大量资金，利用米粉的社交分享、传播，便可以达到推广小米品牌和产品的目的。

可以说，雷军等小米创始人深谙社交营销之道。

正是因为尝到了社交营销的甜头，小米将社交媒体的运营和营销提升到了战略高度，开始搭建自己的社交媒体矩阵。目前小米主流的社交媒体包括小米社区论坛、微博、QQ空间、微信生态、抖音、小红书。

小米社区论坛主要吸引、聚合更多米粉，获取他们的创意和反馈。

微博和QQ空间除了帮小米吸粉，还起着发布小米信息、传播小米品牌、打造小米影响力的作用。

而微信公众号、小程序等微信生态则帮助小米与用户深度交互，为他们提供更好的服务。小米在抖音、小红书等社交平台都开通了小米的官方账号，在这两大网红社交平台上小米会定期发布小米新品、活动、明星代言人宣传小米产品的视频等内容。此外，这些平台还有一个趋势，那就是加强了小米创始人雷军的曝光度，可见雷军也加强了经营个人 IP 的意识。小米在抖音、小红书上账号的主要差异在于，前者以小米相关的视频素材为主，后者则是图文 + 视频。

小米充分运营社交媒体，并借助出色的 CRM 系统与用户深度交互，不断挖掘用户的持久价值。

10.5.2　小米打响社交电商的枪声

但这些只是社交网络在小米用户层面发挥的影响和作用，随着社交电商的火爆，小米开始意识到社交网络不仅能让粉丝成为用户，如果小米充分挖掘社交渠道价值，还可以借助低成本的社交网络，让用户成为渠道和合伙人，而渠道对小米发展的作用同样不容小觑。如果能发挥渠道的积极性，不仅可以提升总的业绩，还能降低运营成本。基于这些因素，2019 年，小米开始布局正发展得如火如荼的社交电商平台，推出了有品有鱼社交电商项目，正式进军社交电商。有品有鱼项目拓宽了小米的社交板块，让小米的用户在消费小米商品的同时，还可以成为小米的经销商和合伙人，发挥其社会化协作作用，这一点与会员电商云集类似。

小米有品有鱼平台最大的特色是，融合了社交元素，通过社交网络分享，平台上的用户花 396 元购买会员礼包成为会员之后，既可以自购省钱，还可以成为经营者，实现分享赚钱。这就将新零售与社交网络充分融合，拓宽了小米的社交渠道，既提高了零售的效率，又降低了运营的成本，同时还裂变了渠道，将小米的私域流量转化为私域电商，充分发挥用户的积极性和潜能。

10.6 新零售集团：全渠道社交零售，实践新零售革命

中国新零售集团由中国灸创始人、中国《社交电商经营规范》起草人之一张爱林创办，致力于发展"互联网+新时代"的O2O品牌。

集团运营总部位于广州，是致力于发展"互联网+流量新零售+大健康项目"的全新商业平台，实践"线上+线下"多维度实体新零售商业模式。旗下拥有蜜拓蜜（M2M）实业有限公司、全球名品、国人健康管理有限公司、无上本源品牌管理有限公司等企业。集团以"让创业者更轻松、更成功"为使命，以"让更多的人健康、美丽、富足"为愿景，一直致力于帮扶大众创业，帮助更多有梦想的人共同成长，将"健康、美丽"带给万千大众家庭。

中国新零售集团于2014年创建蜜拓蜜实业有限公司（以下简称"蜜拓蜜"），拥有成熟完善的业务体系，至今已拥有超200万经销商、线上淘宝店6000家、京东和天猫店2000家，线下实体门店遍布全国各地，终端营业额在业内首屈一指；并于2019年创立全球名品，为千万女性美丽赋能。

在创办上述企业之前，创始人张爱林开过化工厂、家居连锁店，做过国际贸易、韩国化妆品代理。

在张爱林心中，创业与其说是百无聊赖之余找到的一个精神寄托，像航行路途中偶遇的片帆孤光；毋宁说是大海上的千帆竞发，是生命中的必然和使命。

有人创业缺钱，挤破脑袋拜访投资人，却不受待见；
有人创业缺机遇，万事已具备，东风却迟迟不肯吹来；
有人创业缺爱，孤军奋战，突出重围，却无一人声援。

这三点，张爱林一个都不缺。

2014年3月，他参加上海美博会，发现到传统企业展位咨询的人很少，而到社交电商品牌展位寻找机会的人很多，这就让商业嗅觉敏锐的他察觉了

移动互联网时代存在的商机，于是他开始由线下走入线上，做起了社交电商。

凭借敏锐和乐观的天性，张爱林开辟了庞大的新零售帝国。而愈近山巅，愈觉责任重大。

10.6.1 全球名品：跨境奢侈品会员制电商

全球名品是国内首家专注于"美与时尚"的跨境奢侈品社交新零售平台，采用 Costco 等国际大品牌使用的会员制电商模式运营。

1. 消费方式升级，奢侈品电商化势在必行

近几年，全球范围内的奢侈品品牌遇冷，线下门店甚至呈现负增长，只是 2016 年第一季度，就有约 40 家奢侈品店关门。2019 年公布的世界五百强企业中，奢侈品品牌仅有迪奥入榜。

然而，在国外奢侈品大品牌业绩遇冷的大环境下，中国奢侈品市场却不断高歌猛进。《2019 奢侈品行业洞察报告》显示，2012 年至 2018 年间，全球奢侈品市场超过一半的增幅来自中国，2018 年，中国人在境内外的奢侈品消费额高达 7700 亿元，占到全球奢侈品消费总额的 33%，各大奢侈品品牌纷纷将中国市场作为重点发展对象。

在中国，千禧一代已经成为奢侈品市场的主力军，他们花在互联网上的时间非常多。随着互联网和社交平台的发展，想要吸引千禧一代的注意，进一步拓展奢侈品市场，奢侈品社交电商平台无疑是一条前景广阔的道路。

从 2016 年起，越来越多的奢侈品品牌开始电商化。《2019 奢侈品行业洞察报告》显示，包括 Gucci 在内的奢侈品消费的高增速主要来自于线上。中国奢侈品线上消费占比从 2015 年的 6% 增加至 2017 年的 9%；2016 年至 2017 年，中国奢侈品消费总额增速 20%，其中线上增长 43%，远超线下的 19%。2017 年中国大陆奢侈品销售额达到 1420 亿元，同比增长了 21%。

随着消费的升级，越来越多的奢侈品牌变得更加开放和变通，开通了线上服务，并把线上商城视为一个全新的重要战场。同时，这些奢侈品品牌还启动了社交战略，开始主动在社交平台上做各种"动作"，吸引关注和促进

购买。

正是在此大环境下，全球名品这一国内首家专注于"美与时尚"的跨境奢侈品社交新零售平台应运而生。

2. 打通全渠道零售

全球名品是优质的女性创业平台，拥有全球顶级奢侈品免税供应链，其与欧洲、北美最大的旅游零售集团、亚太地区 Travel Retail 渠道商合作，实现了供应链的数据整合及贸易贯通。其旗下拥有：线上奢侈品会员制电商——全球名品 App，线下奢侈品集合店——全球名品 Collection Store，女性高端圈层——魅力名媛汇。

全球名品 App 和全球名品 Collection Store 采用线上线下融合的全渠道零售模式，通过输出标准的全国跨境奢侈品连锁店，整合资源，打造高端奢侈品实体店标杆，为消费者提供优质的购物体验。

魅力名媛汇是一个女性精英社群，为女性精英提供美妆护肤课程、女性知性打造课程、高端美容、高端形象打造、高端沙龙品鉴会、国际海岛旅游、世界名校游学、奢侈品特约发布会等服务。

买奢侈品担心品质？买奢侈品选择困难？买奢侈品错过促销？买奢侈品如何防雷？为了解决上述奢侈品消费者常见的痛点，全球名品采用了以下措施：

①全品自营，海关监管。

②千人千面，精选 SKU。

③每日秒杀，惊喜不打烊。

④社群种草，达人推荐。

3. 提供优质的购物体验

全球名品通过以下措施让用户获得优质的购物体验。

（1）千万保额

太平洋保险专业承保，千万保额，用户购物即赠，让用户买得放心，经销商卖得省心。

(2) 自营模式

全球名品拥有超过15年奢侈品采购经验的专业采购团队，坚持自营直采和数据化运作的理念，深入产品原产地。不但对所有供应商的资质进行严格审核，而且设置了严密的复核机制，从源头上把控品质。在过去一年的筹备中，全球名品已与全球数百个优质供应链和奢侈品家族达成深度合作。

(3) 价格贴心

全球名品在旧金山、东京、首尔、悉尼、香港等近十个地区成立了直采中心，缩减了代理商、经销商等多层环节，省去了中间环节及费用，还采用大批量规模化集采的模式，降低采购成本，通过数据化的运作，能及时根据市场环境，响应品牌方的市场政策，实现更有优势的价格，为广大消费者争取到"海外批发价"。

(4) 商品溯源保真

海外直采备货到香港仓，根据消费者每天的订单，进行申报、清关、包装、派送。

① 溯真源。检查商品的备案条码、原产地、集货来源等。
② 保正品。对全球名品所进口的商品进行备案、检真、抽检后方可允许出关。

4. 仓储物流确保商品品质如初

全球名品为用户提供优质的物流仓储服务，让用户能享受新零售模式的跨度性、即得性、高效性等诸多优势。

(1) 仓储服务

全球名品在中国香港设立跨境直邮商品总仓，全球采购的美妆、护肤、香氛、配饰类商品均在香港做整体仓配管理，库内设立24小时摄像与安保监控以确保商品的安全。同时，商品均在恒温恒湿的环境下存储与保管，以确保商品品质如初。

此外，全球名品在首都空港的国门商务区设立一般贸易商品中转仓，在中国首批跨境电子商务试点城市设有保税仓，以开展跨境电商保税备货业务。

(2) 让用户享受优质的物流服务

在物流的选择上，全球名品与中外运、顺丰等一线物流公司达成紧密合作，建立了一套完善的物流标准。通过与中国外运合作，整合海外货源、国际运输、海关国检、国际仓储、国内派送等多个环节，打通整条产业链。

此外，全球名品还采用了优质的定制包装箱，让用户享受优质、标准化的物流服务。

10.6.2　社交电商蜜拓蜜的新零售：5G体验中心+社交渠道

蜜拓蜜的前身是上海一号企业，但后者一直不温不火。于是张爱林开始思考：公司更重要还是品牌更重要？找到答案后，他决定走品牌化这条少有人走的坎途，开始打造新品牌，这就是现在的蜜拓蜜。

彼时，他想起一个像B2B、B2C这样朗朗上口、更具备电子商务气质的名字。刚开始，他想到电子商务是通过手机互相联系的，即mobile（手机）to mobile（M2M），虽然M2M确实极具电子商务气质，但却很难用汉语赋予其独特的含义。

几经讨论和思考，团队觉得"manager to manager"（经理对经理）的意义不错，后来经过汉字转化，就成了"蜜拓蜜"，以闺蜜拓展闺蜜，既有社交气质，也朗朗上口，容易记住。

目前，蜜拓蜜旗下拥有灸贴系列产品、衡欣牌系列益生菌产品、八个牡蛎、亮眼睛、M2M白肌酸等系列产品，在大健康行业市场里具有较大的影响力。

蜜拓蜜属于典型的自有品牌型社交电商，借助社交电商模式起家、崛起，线上版块、社交版块是其长处，为了顺应新零售的趋势，近年来蜜拓蜜开始实施新零售战略，重点布局线下门店及体验中心，并将社交电商与新零售充分融合，成为一家自有品牌型社交新零售企业。其独特的社群运营管理、成熟的培训体系及匠心服务的蜜家人企业文化均打上了鲜明的蜜拓蜜烙印。

1. 做好三方服务，让服务营销成就新零售

为了让经销商踏实创业，蜜拓蜜保证价格统一，严打乱价，经销管理机制健全，以服务升级为主，帮助有梦想、有干劲的经销商实现创业的梦想。除了不断升级优化渠道分销管理体系外，蜜拓蜜还以服务三方为主：服务品牌方，服务经销商，服务消费者，通过优质的服务为经销商打造完善的销售方式。

（1）游学+旅游

针对中高级别经销商或业绩出色的经销商，蜜拓蜜会定期组织他们参加欧洲游、巴厘岛游、泰国游等海外旅游项目。

这种福利一来可以给予经销商荣誉感；二来可以激励经销商为了获得福利而想方设法提升业绩或升级；三来通过团队活动，让经销商更好地融入蜜拓蜜社交新零售大家庭中，并提升其凝聚力和归属感。

（2）优化供应链服务

传统零售业的供应链环节为人诟病，产品在到达消费者手中之前，需要经历层层环节，效率低下。蜜拓蜜社交新零售平台融合了新零售模式，其供应链借助新科技，用数字化技术提升了物流、支付等环节的效率，让消费者获得更好的服务和更佳的体验。而升级后的供应链，让经销商无须囤货，不再为物流等售后服务操心，仅需专注于与客户、经销商的社交、沟通、交流、互动，借此倍增业绩。

随着蜜拓蜜社交新零售及新科技的发展，蜜拓蜜社交新零售的服务也会不断升级和多元化，蜜拓蜜社交新零售团队还会陆续为客户及经销商提供更多优质、全渠道的服务，但服务的宗旨是一致的，那就是借助科技，融合线上、线下、社交服务，提升服务的质量和效率，让客户和经销商获得更好的体验，提升其忠诚度，进而倍增业绩、裂变渠道。

（3）由为商品买单升级到为服务买单

蜜拓蜜社交新零售的未来存在各种可能性，从顾客中发展出一部分顾客，通过极致的服务，激发用户自增长，将线上线下相结合，将产品陈列促销转型为以顾客体验为主，从客户为商品买单升级到为服务买单。

2. 社群管理，迅速传达品牌的营销策略

蜜拓蜜目前拥有众多经销商、千余家线下实体店，产品受众面广，品牌影响力覆盖全国各地。社群管理是蜜拓蜜经销商组织运营不可缺少的一环。

经销商利用社群管理升级营销与服务的深度，建立起了高效且具有凝聚力的管理体系，一方面强化了蜜拓蜜的家文化，另一方面还增强了蜜拓蜜品牌的影响力和归属感，为业绩增长赋予了全新的驱动力。

蜜拓蜜经销商通过高度自制及人性化的社群管理，嫁接社群关系链，迅速传达最新产品的营销策略，配合营销策略推进市场，自上而下宣传企业文化，不断提升社群黏性。

3. 升级社交新零售，多条腿走路更快

放眼整个零售行业，蜜拓蜜选择了一条最适合它的道路，那就是属于蜜拓蜜的新零售。

传统零售行业，从源头的制造商提供产品的生产，到经销商分销产品，起到价值传递作用之后零售商通过采购、物流、供货等方式在合理的场景下引发消费者的购物行为。终端的消费者，为了满足个体所需，花钱获取产品和服务。这其中，库存问题是传统零售的痛点。

蜜拓蜜新零售将升级传统的零售理念，向新零售变革，大体经历了三个阶段：第一阶段，通过数字化记录整理顾客的相关资料。第二阶段，去中心化，建立品牌与顾客数据之间的联系，充分挖掘顾客的价值和潜力。第三阶段，数据网络开放，数据由封闭转为分享，将小范围的销售圈构建成销售渠道网络，完成了资源的最大程度转化。

通过这三个阶段的升级优化，品牌在满足消费者真实需求的同时也扩大了产品的受众群体。蜜拓蜜新零售摒弃了传统零售的中间分销弊端，经销商与客户直接联系，持续获得用户第一手需求信息，使用户从产品引进到更换再到传播，都能参与到营销过程之中。通过优质的服务，让消费者在购物过程中享受到一种全新的服务体验，唤醒客户对购物的消费冲动，在特定的场景下带给客户更多的感性体验。

4. 拓展社交渠道，打造全渠道零售

蜜拓蜜公司依托新零售理念，重点做好结合线上、线下渠道的布局，并拓宽社交渠道，成为一家全渠道零售企业。

（1）线上板块：社群、公众号、小程序、App

除了微信社群，蜜拓蜜还拥有基于微信生态的公众号、小程序，这些线上工具除了为消费者、经销商提供必要的服务，还能借助微信生态的社交网络低成本获客拉新、裂变社交渠道。

此外，为了方便给消费者、经销商提供更全面的服务，同时打造蜜拓蜜私域流量池，蜜拓蜜自主研发了蜜健康App。蜜健康App是一款涵盖养生知识及学习中医穴位、灸法的移动端平台系统，通过视频教学、系统考试等方式，让用户快速了解人体身上的经络穴位，学习中国传统中医技法和养生知识。

（2）社交板块：发挥社交网络优势，裂变社交渠道

蜜拓蜜借助社交电商起家，在社交电商红利期通过发挥社交网络的优势，发展了大量经销商，社交板块是其长板。

除了借助社交网络低成本获客拉新，蜜拓蜜还重点拓宽自己的社交渠道，借助社交网络直接发展和裂变经销商，或者将自己的消费者发展为经销商，让消费者在消费的同时还能轻创业。

（3）线下板块：实体门店增强信任和黏性

实体门店是蜜拓蜜社交新零售在新零售方面的重要实践。截至2019年8月，蜜拓蜜旗下已有1400家实体店。

实体门店除了做好线下销售，其肩负的另一个功能，便是服务好蜜拓蜜的消费者及经销商，让他们获得更好的体验，增强其对品牌的信任和黏性。

5. 5G 系统体验中心，更符合社交新零售的场景体验

即将到来的 5G 时代是经济高速发展、信息飞速传播的时代，人们的生活方式也会发生巨大变化。为了顺应时代发展，给消费者、经销商带来更好的服务与体验，蜜拓蜜开启 5G 线下实体系统建设，推行母婴实体店中店"E + 4S"模式，实现线下实体店铺的全面升级。

（1）"E + 4S"模式及优势

蜜拓蜜母婴实体店中店"E + 4S"模式（见图 10 - 1）分为五个部分：E—Experience（体验）、S—Scenarized（场景化）、S—Salon（沙龙）、S—Share（分享）、S—Social（社群）。

图 10 - 1

①Experience（体验）。旨在结合蜜拓蜜的产品和服务方式，利用实体店给消费者提供良好的体验。只有顾客体验感好了，他才会更愿意做购买决定，更愿意进行口碑宣传，与蜜拓蜜以及产品建立深厚的信任关系。

②Scenarized（场景化）。旨在为顾客打造更适宜的消费场景。尤其是 5G 时代，互联网高速发展，场景化的服务将更具优势和竞争力。

③Salon(沙龙)。旨在为宝妈、带孩子的老年人提供一个共同交流育儿知识、情感的场所。沙龙很适合做精准化营销和服务。

④Share(分享)。将线上线下分享结合,紧跟分享经济时代的脚步,让分享理念更加深入人心。

⑤Social(社群)。以社群为载体和纽带,加深顾客与顾客、顾客与商家之间的联系。将社群化运营运用到线下实体店铺中,更有利于产品和服务的销售与推广。

蜜拓蜜母婴实体店中店"E+4S"模式的5个部分缺一不可,相互交错连成一张网,成为蜜拓蜜5G线下实体系统重要的组成部分,为蜜拓蜜后续的发展奠定了坚实的基石。

(2) 蜜拓蜜5G体验中心

都说4G改变生活,5G改变社会。多年来,蜜拓蜜顺应时代的发展趋势,在努力做好产品和服务的同时,不断开拓新模式。蜜拓蜜5G体验中心(见图10-2)将为经销商、消费者带来更好的服务与体验。

图10-2

蜜拓蜜5G体验中心包含5G线下实体(OTC、千城万店、母婴店中店展示区、小儿推拿体验展示区)四大板块。在这里,用户可以近距离体验5G技术,还可以直观、高效、舒适地体验产品和服务,切身感受蜜拓蜜的优质体验。

蜜拓蜜 5G 体验中心还配备了会客休闲系统，冷餐区提供饮品与水果冷餐，让宾客体验贴心的服务。博物馆里陈列着陪伴蜜拓蜜历经风雨的物料，以及众多产品的"诞生"纪实。博物馆中的每一件物品都有着一段独特的故事。

此外，为了顺应 5G 时代消费者的需求，蜜拓蜜将新媒体直播间、健身区、沙龙区和阅读区相结合，让宾客在其中获得一种独特的享受。

培训区设置了三百人培训会场、商学院讲师授课区，这为蜜拓蜜的全方位教育培训体系的实施提供了硬件条件。

办公区融 5G 系统员工办公区、商学院讲师办公区、讲师风采展示区于一体。

未来，蜜拓蜜将继续升级线下实体 5G 系统及服务体系，也将继续为更多用户带来独一无二的体验。

6. 蜜拓蜜对想做品牌的企业的启示

对传统企业而言，品牌化绝非易事。而蜜拓蜜无论是品牌化，还是转型社交新零售，都取得了一定的成绩。它对想打造品牌的企业有以下几点启示：

第一，产品。产品是企业品牌化的核心和基石。

第二，管理和创新。社交电商、社交新零售企业需要拓宽社交渠道，发展自己的经销商团队。而社交渠道的经销商不同于员工，更像是社交网络下的合伙人，因此其管理方式与传统管理存在很大差异，这就需要管理团队具备社交思维，用更适合社交渠道的管理方式完善对经销商团队的管理，其中核心团队长是管理的重中之重，需要品牌方具备一定的人格魅力与领袖智慧。

第三，发展具有凝聚力的经销商团队。这是社交渠道革命的核心所在。

第四，税法和税务的安全。《中华人民共和国电子商务法》实施之后，税法和税务的安全已经成为很多企业打造品牌时必须重视的一环。

第五，社交流量的获取和裂变。蜜拓蜜主要通过以下方式获取流量。

①广告。比如央视、湖南卫视的冠名广告，《美丽俏佳人》等综艺节目的

冠名和赞助。

②媒体。借助媒体做一些品牌推广。

③区域化宣传。不同区域，适合主推不同的产品，比如广州市场更适合推广化妆品。因此，蜜拓蜜会根据地域选择主推相应的产品。

④打造个人IP。靠IP吸引社交流量，打造个人的私域流量池。与格力掌门人董明珠相似，蜜拓蜜创始人张爱林极具品牌意识，非常重视个人IP的打造，而他借助个人IP吸引了大量精准粉丝，并将这些私域流量转化成了蜜拓蜜的消费者或经销商。

后 记

时间充满了神奇之处,斗转星移间我仿入梦境。

我本是一名医学院的研究生,在尝试转型电影导演和创业期间,和漫游仙境的爱丽丝一样,偶然间踏入电子商务这一神奇领域。其间,我自学了移动互联网营销、微商、社交电商、新零售、社交新零售、社交商业、商学院、培训、操盘手等相关领域的知识,并将之付诸实践。

当遇到社交电商这一全新领域时,我发现了它的神奇之处,它让很多普通创业者有了逆袭的机会,让众多中小企业转型有了新的方向。于是我决定深入研究社交电商,包括与它相关的新零售、社交新零售、社交商业,并将研究成果写成书。

在写这本书的过程中,我和本书另一作者张爱林几乎研究了已出版的所有与社交电商相关的书籍和实操案例。写这本书并非易事,难在全书的谋篇布局,以及素材的融合、取舍。起初,本书打算只针对个人创业者,因为他们是社交电商从业者中的庞大人群,但身边一些中小企业家、商家经常咨询我们转型社交电商的问题,让我们意识到在移动互联网时代,广大企业也面临着转型和进化的问题,而社交电商能给企业的转型提供更多的选择和可能,能帮助它们找到新的希望,于是我们增加并着重强调了企业、商家转型社交电商这部分篇幅。

而且,我们试图架构一个完整、系统、逻辑自洽的社交电商的世界,这就意味着这本书得有对社交电商全面的介绍,而不能只是单纯地在术的层面呈现出来。

正如吴晓波花了近 6 年时间写作《腾讯传》过程中遇到的困惑:无法定格和定义腾讯这座正在爆发中的火山。我们也同样面临着这样的问题。无论是传统电商还是社交电商，都是互联网发展的产物，而基于互联网的商业模式存在的一个共有问题是，高度的不确定性和变化性，这就意味着我们很难定义它。

想通了这点，我们反而释然了，当下我们只需要静下心来，根据搜集到的素材，以及我们这些年对社交电商、新零售、社交新零售的观察和研究，用心将它们融进本书中，只要能帮助当下的企业、商家降低获取流量、裂变渠道的成本，帮助中小微创业者借助社交电商实现创业梦想，那就达到了本书的目的。

导演李安慨叹电影是门遗憾的艺术，其实写书也是如此，我们永远无法穷尽事实，也无法呈现所有精髓。在书稿撰写的过程中，我们想方设法想将自己脑中的精华毫无保留地呈献给读者，但要么受篇幅限制，要么受限于写作时的认知和积累，所展现出来的内容始终让我们觉得有不足之处。在本书定稿之前，书稿内容在我们脑海中已过了千万遍，灵感闪现时我们便赶紧将它们记在手机便签或有道云笔记上，等有机会优化书稿时我们再补充进去，这已经成了我们写书的习惯。

写完本书后，除了继续研究社交电商、新零售、社交新零售等领域，我们还会跟进和研究某些企业，开启"企业+电子商务"系列企业史丛书的写作计划，像吴晓波那样，用笔记录下一些特色企业的发展史，为其他企业的发展和运营提供参考。

在本书的写作过程中，感谢机械工业出版社的解文涛老师、李双磊老师，与你们相识是缘，希望此缘能结出更多的繁花硕果。

感谢我的老东家微谷国际，这家中国领军的社交电商新零售服务平台给了我很多启发和能量，让我在写作本书的过程中获得了源源不断的力量。

感谢微谷国际的领导、老师和同事，你们身上的闪光点让我获益良多。

感谢我进入社交电商行业后遇到的大咖、品牌创始人、团队长、中小创业者，他们很多人都经历过"穷而后工"，陷入生活窘境时遇到了社交电商，改写了自己的人生，让生命焕发出新的光彩。

感谢我创业期间的合作伙伴,是你们让我对创业的艰辛和乐趣深有体会,而且,从你们身上我所学颇丰。

感谢我的家人,是你们的支持,让我能在繁忙之余有足够的时间写作和打磨本书。

感谢我生命中遇到的人和事,还有挫折,是你们让我的人生变得更丰富,自身变得更优秀。

最后,要感谢电子商务。过去的几十年中,它改变了我们的生活方式,深刻改变了中国的方方面面,我们受惠于它,自有书写它的义务。

殷中军